LA LIBERTÉ OU LA MORT

ARSÈNE SABANIEEV
avec ÉRIC DUSSART

LA LIBERTÉ OU LA MORT

Robert Laffont

Ouvrage publié sous la direction
d'Éric Maitrot

ISBN : 978-2-221-27379-1
Dépôt légal : février 2024
Éditions Robert Laffont – 92, avenue de France 75013 Paris

À ma fille Léonora,
que j'aime de tout mon cœur.

Prologue

En mission pour l'Ukraine

Mercredi 21 décembre 2022. Région de Donetsk. Il est un peu plus de 6 heures du matin et je suis au volant de notre ambulance. Les combats sont âpres depuis quelques jours ; nous sommes tout près de la ligne de front et ça me rend nerveux. Je roule d'ailleurs droit vers elle avec Zorya, ma commandante que je sens tendue, elle aussi, à côté de moi. C'est le début d'une nouvelle journée au poste médical avancé (PMA) de Bakhmut, à soigner et à évacuer les blessés les plus graves.

Je connais mal la route, et la moindre erreur d'itinéraire peut nous être fatale. L'ennemi est si proche. Toutes les trente secondes, un obus secoue cette nuit d'hiver qui a des allures d'enfer. Et notre véhicule n'est même pas blindé. Arrivé au PMA, je salue mes collègues médecins. Je me demande toujours où ils vont chercher cette sérénité, du moins apparente.

À peine une heure plus tard, tout bascule. Les Russes ont déclenché un barrage d'artillerie sur notre poste. Un déluge de fer et de feu s'abat sur nous. La seule solution est de nous ruer vers le sous-sol, refuge incertain, mais nous n'en avons pas d'autre. En général, ces attaques ne durent pas plus d'un quart d'heure ; cette fois, c'est différent. Les obus tombent, encore et encore, les murs tremblent, les sifflements aigus déchirent nos tympans et nous sommes terrés dans cette cave trop étroite, tandis que, là-haut, les blessés commencent à arriver. J'angoisse à l'idée que le bâtiment s'effondre. Mourir enseveli doit être horrible. Et personne ne viendrait nous chercher ici.

Au bout de deux heures de pilonnage, un ordre tombe : « Les Hospitaliers, il faut évacuer un blessé grave. Il a plusieurs plaies abdominales et saigne énormément. Il faut partir maintenant ! » nous crie notre médecin chef. Mon regard croise celui de Zorya. Elle comprend que je suis terrifié. Je n'ai aucune envie de remonter à la surface : c'est suicidaire de sortir sous un tel bombardement ! Elle avise un soldat et lui demande d'aller chercher notre ambulance. Il ne faut que cinq minutes à ce type pour ramener la Volkswagen au mépris du danger et me lancer négligemment les clés. Aujourd'hui encore, je me pose la question : cet homme est-il un héros ou un idiot inconscient ? Sans doute un peu des deux.

Le blessé est effectivement très mal en point. Je commence à l'installer dans le véhicule sous les tirs de l'artillerie russe, qui nous a évidemment repérés. Chaque instant me semble une éternité ; mes mains tremblent au moment d'enclencher le système pour glisser le brancard à l'intérieur. Je perds des secondes précieuses. Un obus frappe à 20 mètres de nous, et je sais que le tireur est déjà en train de corriger sa trajectoire. Si nous sommes encore à cet endroit quand tombera le prochain, nous serons tous morts.

Par bonheur, la civière glisse enfin et s'enclenche. Je peux claquer la porte, sauter au volant et démarrer en trombe.

Nous avons eu beaucoup de chance, cette fois encore. Une demi-heure plus tard, nous sommes à l'hôpital de Droujkivka et l'homme, pris en charge à temps, s'en sortira. Nous avons agi au péril de nos vies, mais nous avons sauvé l'un de nos héros. Un défenseur de l'Ukraine et du monde libre. C'est notre engagement.

***

Je m'appelle Arsène Sabanieev. Je suis né à Kyïv, en Ukraine, en 1990, et j'y ai grandi jusqu'à ce que ma mère décide d'émigrer en France en 1999. Grâce à la méritocratie française, j'ai pu devenir médecin anesthésiste-réanimateur à Lille. Toute ma famille est restée au pays, dont une partie vit aujourd'hui à Sébastopol, en Crimée occupée. Malgré les décennies passées en France, je suis resté un fervent patriote ukrainien. Je n'ai jamais oublié mes racines et l'histoire terrible de mes ancêtres. Le martyre de ce territoire et mon aversion pour l'injustice sont mes principaux moteurs.

La guerre en Ukraine fait rage depuis le 27 février 2014, jour de la prise du Parlement de Crimée par les « petits hommes verts », en réalité des militaires russes sans insigne. Incontestablement, la nouvelle phase lancée par Moscou le 24 février 2022 redessine en profondeur ce conflit : la guerre d'extermination du peuple ukrainien a commencé.

Je souhaite, à travers ces pages, vous immerger dans le quotidien des combattants du front que j'ai décidé de rejoindre dès le premier jour de l'invasion. J'ai eu l'honneur de rencontrer des personnes extraordinaires, et je veux raconter mon parcours à leurs côtés : mes plongées au cœur de ce conflit à haute intensité, la médecine de guerre dans ce qu'elle a de plus violent mais aussi la fraternité bouleversante qui nous a très vite rassemblés.

Certains sont des militaires, d'autres, des civils que l'invasion russe a poussés à revêtir l'uniforme. Des gens ordinaires projetés dans un moment d'histoire extraordinaire. Il est essentiel d'expliquer leurs motivations, car on ne s'engage pas sur un théâtre de guerre de haute intensité sans vraies raisons.

L'Ukraine, que l'on disait battue d'avance, est plus que jamais debout. Malgré les siècles d'occupation et de russification, malgré les millions de morts, notre pays n'a jamais été aussi fort ni notre peuple aussi uni. Ce récit se veut fidèle à la réalité. Néanmoins, pour des raisons évidentes de confidentialité et de sécurité, des modifications ont dû être apportées concernant certains lieux, certaines dates. Le nom de plusieurs personnes a été modifié, à leur demande. Seul celui des morts, par respect pour leur sacrifice, a été conservé.

La guerre se poursuit, et je m'interdis de mettre en danger les vivants.

***

Le bataillon dans lequel je suis engagé est celui des Hospitaliers. Dans cette unité, je n'ai ni salaire ni assurance. Seul un contrat moral m'y lie. À Bakhmut, je suis officiellement un anesthésiste paramilitaire servant sous le commandement du GUR, le Renseignement militaire ukrainien. En pratique, je soigne tous les combattants qui sont amenés au PMA, puis nous évacuons les patients les plus graves dans les hôpitaux de l'arrière.

Malgré moi, la médecine de guerre m'a projeté au cœur de la machine à broyer les corps et les âmes. La guerre m'a transformé – je suis devenu un autre homme, à la fois plus fort et plus fragile. Une partie de mon âme est restée à jamais sur le front du Donbass.

1

Chronique d'une guerre annoncée

Au cœur de la nuit, j'observe Marioupol de loin. Elle est en flammes. Puis j'assiste au défilé des troupes russes sur la place Maïdan, à Kyïv. L'Ukraine a cessé d'exister. Le drapeau russe flotte jusqu'à Lviv, et parler ukrainien est désormais un crime.

Heureusement, tout cela n'est encore qu'un cauchemar. Ces horreurs ne sont que le fruit de mon imagination – je n'aurais pas dû, hier soir, avant de m'endormir, lire cet article sur l'éventualité d'une guerre à grande échelle…

Dès avril 2021, des informations surgissent à propos d'un déploiement massif de troupes russes le long de la frontière – jusqu'à 80 000 hommes. À en croire les divers spécialistes, il n'y a pas de réelle explication à cela. L'Ukraine poursuit sa vie, l'Occident continue d'entretenir des relations économiques cordiales avec la Russie, alors même que l'Otan est, selon le président Emmanuel Macron, « en état de mort cérébrale ».

Quelle mouche a donc piqué la Russie ? Eh bien, aucune. Il suffit de se replonger dans un livre d'histoire pour le comprendre : l'hostilité russe vis-à-vis d'une Ukraine indépendante est constante depuis trois siècles. Nous ne serions qu'un seul et même peuple, aime à répéter Vladimir Poutine. C'est pour cette raison qu'il emploiera le terme cynique de « libération » après avoir réduit Marioupol en cendres.

La négation de l'Ukraine et du peuple ukrainien constitue un axiome pluricentenaire, chez les dirigeants du Kremlin mais aussi chez une partie non négligeable de son peuple. Ainsi, l'expression « guerre de Poutine », fréquemment employée par les commentateurs français, devrait être remplacée par « guerre du peuple russe et de la Russie contre l'Ukraine, menée par Poutine ».

***

Le samedi 10 avril 2021, je finis ma garde à l'hôpital Saint-Vincent-de-Paul à Lille. J'ai passé toute la soirée à écumer les articles sur l'hypothétique invasion de l'Ukraine. Je lis les médias français, mais aussi ukrainiens et russes, ce qui me permet de sentir le climat qui règne chez tous les protagonistes. Les nouvelles sont inquiétantes, je commence à être anxieux. Je suis convaincu depuis longtemps que les Russes souhaitent nous détruire, nous effacer de l'histoire.

Lorsque ma collègue anesthésiste, Claire, vient me relever et me demande machinalement si ça va, je lui réponds que non, que la guerre va peut-être reprendre de façon très active et que ça me préoccupe. Elle doit me prendre pour un fou. Cela semble si insensé, de parler d'une invasion impliquant des centaines de milliers d'hommes, en 2021, en Europe.

Les mois suivants se déroulent dans un climat de « drôle de guerre ». À la surprise générale, Poutine annonce le 22 avril le retrait de ses troupes à la frontière, la tension baisse d'un cran. Mais rapidement les images satellites montrent l'inverse : le dispositif russe, au contraire, se renforce. Encore une fois, Poutine ment. À son habitude, la grande famille occidentale essaie de trouver une solution diplomatique et pense l'amadouer en lui proposant un sommet avec Joe Biden en juin. Bien entendu, cela ne donne rien : Poutine sait qu'il ira jusqu'au bout. Rien ni personne ne le fera revenir en arrière. Cette obsession des Occidentaux à tenter de trouver à tout prix un compromis avec un régime qui n'en a jamais souhaité, cette complaisance complice, le tsar ne la connaît que trop.

Malgré les multiples crimes commis par la Russie depuis son indépendance en 1991[1], ses liens avec l'Occident n'ont cessé de se renforcer, jusqu'en 2022.

1. Guerre du Donbass et annexion de la Crimée, guerre de Syrie, guerre de Transnistrie, guerres d'Abkhazie et d'Ossétie du Sud, guerres de Tchétchénie et du Daghestan, interventions au Bélarus et au Kazakhstan.

Tous se sont refusés à croire en sa nature profondément belliqueuse, jusqu'aux dernières heures précédant l'invasion. Les Ukrainiens paient aujourd'hui le prix lourd de ces erreurs d'appréciation, de cette recherche d'intérêts économiques à court terme, pudiquement appelée *Realpolitik*. Tout comme l'ont payé par le sang les Tchétchènes, les Syriens, les Géorgiens…

***

En novembre 2021, je séjourne quelques semaines en Ukraine en compagnie de Xavier, l'un de mes meilleurs amis. Bien qu'il ait un fort accent franc-comtois, c'est à Calais que nous nous sommes rencontrés, au début de notre internat. Je crains que la rusticité de la vie ukrainienne ne l'effraie, alors je m'efforce de lui montrer les meilleures facettes de Kyïv, même si le paysage et la météo pluvieuse de novembre compliquent ma tâche.

Il a un coup de cœur pour la gastronomie, notamment pour les grillades de viande marinée et les poêlées de pommes de terre à l'ail et au lard. Il apprécie l'esprit de liberté de la société ukrainienne, qui accorde une large autonomie aux individus et demeure intrinsèquement horizontale.

Cette tradition libertaire tire ses origines du peuple cosaque dont nous sommes les héritiers. Le culte du chef n'est pas répandu chez nous ; les Ukrainiens l'ont bien montré en désignant un président différent à chaque élection[1], puis en déclenchant deux révolutions à dix ans d'écart. La révolution Orange en 2004, et la révolution de la Dignité, appelée « révolution de Maïdan », en 2014. Au mieux, comme le veut la tradition ancestrale, nous élisons en temps de guerre un *hetman*, un chef cosaque, pour mener les armées coalisées contre l'ennemi. Mais, lorsque les combats sont finis, ce chef rend ses attributs de pouvoir et retourne dans l'ombre.

Quant à la Russie, elle a suivi un schéma radicalement différent : tentative de coup d'État en 1993, enterrant *de facto* la jeune démocratie, puis une verticalité du pouvoir renforcée d'année en année, surtout depuis l'avènement de Poutine, en 1999. Un immense fossé sépare nos deux sociétés.

À Kyïv, j'emmène Xavier au stand de tir en plein air de Brovary, que je fréquente depuis des années. L'endroit est tenu par des vétérans du Donbass, des hommes d'une trentaine d'années qui paraissent pourtant bien plus âgés : traits tirés, calvities précoces, larges cernes, regards durs et perçants – ils ressemblent à des vieillards. La guerre fane prématurément les visages, les corps et les esprits. On y rencontre Andriy, qui sera chargé de notre instruction. Au cours de la séance, je lui demande s'il est prêt à réintégrer l'armée en cas de guerre. Il répond sobrement : « Tu sais, l'armée,

1. À l'exception de Leonid Koutchma, élu en 1994 et en 1999.

tu ne la quittes jamais. » Je me sens bête sur le coup, ça paraît tellement évident.

Au moment de partir, je constate qu'une cinquantaine de militaires, tous vêtus d'uniformes d'hiver, casqués, en gilets pare-balles, kalachnikov à la main, commencent des manœuvres d'entraînement sur le terrain voisin. Je m'étonne que des soldats viennent s'entraîner dans un lieu privé. Notre instructeur m'explique qu'il ne s'agit pas de militaires, mais de la Défense territoriale, appelée aussi Teroborona[1]. C'est la première fois que je remarque cette militarisation de la société dans la région de Kyïv. Va-t-on connaître des combats ici, dans la capitale ?

La Teroborona fonctionne selon un principe simple : chacun peut obtenir une instruction militaire. Tous les profils et toutes les classes sociales y sont représentés. Ainsi, chaque citoyen a la possibilité de devenir une sorte de réserviste sans passer par les structures bureaucratiques de l'armée. Cette unité a été pensée initialement comme une milice de l'arrière, ayant pour mission de faire respecter les couvre-feux, contrôler les *checkpoints* et arrêter les groupes de diversion infiltrés sur le territoire. Elle sera aussi utilisée comme unité de première ligne face à l'armée régulière russe, ce qui entraînera des pertes colossales au cours des premiers mois du conflit. En attendant, je regarde, incrédule, ces civils jouer à la guerre…

1. Contractif de *ter-*, *teritorialna* (territoriale) et de *-oborona* (défense).

***

Courant décembre 2021, les choses s'accélèrent. Des zones jusqu'alors calmes se retrouvent au cœur de la menace. Le Bélarus voit arriver des dizaines de milliers de soldats russes supplémentaires, mais aussi des chars, de l'artillerie et des avions de combat. Surtout, un indice montre indirectement leur intention d'attaquer : l'installation massive d'hôpitaux de campagne à la frontière ukrainienne[1]. Ils se préparent à soigner leurs soldats blessés.

Le discours des médias du Kremlin devient de plus en plus belliqueux, les propagandistes parlant ouvertement de « clore le problème ukrainien une fois pour toutes[2] ». Il ne s'agit plus, comme en 2014, de se limiter à la « libération du Donbass », mais bel et bien d'en finir avec le peuple ukrainien. Devant ce brusque changement de ton, je comprends que la « guerre à grande échelle » est inévitable, et qu'il faut s'y préparer.

Fin décembre, je décide de rencontrer mon chef de service, Christophe, pour lui expliquer que, en cas d'ouverture des hostilités, je partirai en Ukraine – sur le moment, je n'ai toutefois aucune idée de ce que pourrait être mon engagement. Christophe me soutient dans ma démarche, il me connaît.

---

1. Benoît Vitkine, Faustine Vincent, « L'Ukraine en alerte après le début d'exercices militaires russo-biélorusses », *Le Monde*, 11 février 2022.
2. T. Zykina, « Kadyrov souhaite régler la "question ukrainienne" », RBC, 11 avril 2021.

Depuis mon arrivée début janvier 2021 à l'Institut catholique de Lille, je n'ai cessé de remplir mon devoir de « guerre informationnelle » auprès de mes collègues au bloc opératoire. Mon discours n'a jamais dévié : nous sommes en guerre contre la Russie depuis 2014, et le Kremlin fera tout pour s'emparer du pouvoir à Kyïv, car celui qui contrôle la capitale maîtrise toute l'Ukraine. La Crimée et le Donbass ne sont que des prétextes. Cet axiome géostratégique russe, je l'ai pleinement compris dès 2014. Il est regrettable qu'aucun adepte des plateaux télé n'ait su lire entre les lignes des discours officiels russes avant le 24 février 2022.

***

Nous sommes début février 2022, et je n'ai toujours pas pris nos billets d'avion pour l'Ukraine. Ma compagne et moi sommes censés skier dans les Carpates du 19 au 27 février, et en profiter pour rendre visite à ma famille à Kyïv. J'appréhende. La tension est à son comble. Est-ce vraiment sérieux de planifier des vacances en Ukraine ? Finalement, nous décidons de partir quand même. Ce n'est pas Poutine qui va m'empêcher de retourner dans ma terre natale. Et, je dois l'avouer, je souhaite être aux premières loges si le grand conflit éclate.

Cela peut paraître irresponsable, mais je ne veux pas rater le coche de cet événement historique. Je veux tout voir, tout entendre, tout ressentir. Bien entendu, je ne fais pas part de ce sentiment à Élodie, ma compagne – inutile de rajouter du stress.

Comme elle est grande et blonde aux yeux bleus, beaucoup pensent qu'elle est ukrainienne, alors qu'Élodie est une pure Ch'ti. Elle sait depuis notre rencontre en 2017 que l'Ukraine tient une place particulière dans mon cœur. Elle connaît tous les détails de mon engagement, et je sais qu'elle comprend les sacrifices que cela impliquera un jour ou l'autre.

Alors que la France appelle ses ressortissants à quitter le pays en urgence, nous faisons exactement l'inverse. Nous arrivons le 19 février à Lviv. Je peine d'abord à percevoir l'imminence de la guerre, puisque rien ne semble avoir changé depuis novembre dernier. Fondus dans le style baroque-rococo du centre historique, les Lviviens semblent poursuivre leur vie routinière, continuent à fréquenter les centres commerciaux et les nombreux restaurants-musées[1]. La ville est magnifique.

Néanmoins, l'atmosphère paraît plus lourde, les regards des habitants, plus pesants et tendus, comme si chaque Ukrainien se préparait à un événement grave. Le samedi soir, le centre-ville est d'ailleurs presque vide, ce qui est très rare.

Dans la soirée, nous assistons à un concert improvisé. Les musiciens reprennent des mélodies de films

1. Les restaurants immersifs sont une spécialité à Lviv ; on compte parmi les thèmes la franc-maçonnerie, la lampe à huile, le nationalisme ukrainien, le café, et même le… sadomasochisme !

américains, et rapidement une centaine de personnes se rassemblent. Un peu de légèreté et de bonheur simple, tous les passants en ont besoin, cela se ressent. Le concert à peine fini, la foule se disperse en quelques secondes, comme si chacun était rattrapé par la dure réalité.

Nous arrivons le 20 février dans la station de Bukovel, dans les Carpates, et je ne peux m'empêcher de penser qu'il s'agit d'un de nos derniers instants d'insouciance. Élodie et moi sommes tous les deux issus de familles modestes, pas habituées à ce genre de loisirs. De temps en temps, je pense à mon parcours d'émigré qui a grandi dans le besoin, et qui, par le fruit du travail et de la providence, peut aujourd'hui se permettre de fréquenter un lieu comme celui-ci.

Le lendemain, j'apprends que Poutine s'exprimera le soir en direct. Cette nouvelle me glace le sang. De mémoire, il n'a jamais annoncé de discours pour le jour même. Cela signifie que ce qu'il a à déclarer est grave.

Dans ma tête, le scénario est écrit depuis plusieurs semaines : sous prétexte d'une attaque de l'armée ukrainienne, les pseudo-séparatistes du Donbass vont appeler à l'aide la Russie, qui va se hâter de répondre en envoyant ses troupes. Juste avant, Poutine reconnaîtra l'indépendance des deux régions séparatistes, comme il l'a fait en Géorgie en 2008. Parallèlement, des troupes venues de Crimée se précipiteront pour prendre Marioupol en tenaille, mais surtout pour occuper le réservoir de Kakhovka, d'où part le canal de Crimée, coupé par les Ukrainiens en 2014.

Je connais bien la Crimée, j'y ai vécu. Je connais son climat sec et le manque d'eau permanent. Ce n'est d'ailleurs qu'après l'achèvement de la construction de son canal, en 1971, que la région a pris son essor touristique et est devenue la « Côte d'Azur » de la *nomenklatura* soviétique. Auparavant, elle n'avait rien de bien attrayant – si ce n'est l'importance stratégique du port militaire de Sébastopol. Sans l'eau du Dniepr, la Crimée est vouée à une mort lente et certaine. Dès 2014, j'ai compris que la Russie mènerait tôt ou tard la guerre de l'eau pour éviter que la région ne s'assoiffe davantage.

Le soir, nous regardons les derniers skieurs qui descendent les pistes par l'immense baie vitrée du spa de l'hôtel. Je commence à écouter le discours de Poutine sur mon smartphone. Autour de moi, personne ne semble prêter attention à son intervention. Est-il possible que ces gens ignorent ce qui se trame ? Non, tout le monde sait qu'il va parler. Il décidera peut-être même d'attaquer dès ce soir.

Son monologue est interminable et pénible tant il multiplie les sophismes. Durant les vingt premières minutes, Poutine se positionne en professeur d'histoire et nous explique au travers de théories révisionnistes grotesques que l'Ukraine n'est qu'une construction de Lénine. Il conclut par une menace directe : « Les Ukrainiens parlent de décommunisation, eh bien cela nous arrange. Ne nous arrêtons pas en plein milieu du chemin. Nous vous montrerons ce qu'est la véritable décommunisation[1]. » Par cette phrase, Poutine sous-entend qu'il détruira l'Ukraine, chimère artificielle issue de l'esprit malade du communiste Lénine.

La dernière partie de son speech, qui dure environ quarante minutes, sert uniquement à justifier le dernier point de son allocution : la Russie reconnaît l'indépendance des républiques populaires de Donetsk et de Louhansk (RPD-RPL). Voilà, nous y sommes. En une phrase, il balaie les accords de Minsk II[2] et tous les efforts diplomatiques des Occidentaux des huit dernières années. La véritable guerre peut commencer.

***

Le 22 février, l'unique nouvelle intéressante, c'est l'humiliation du chef du renseignement extérieur russe, le SVR[3], par Poutine, lors d'une session du conseil de sécurité traitant de la reconnaissance de la RPD-RPL. Tandis le chef du Kremlin demande l'avis de Sergueï Narychkine sur l'ordre du jour, celui-ci hésite, bégaie, affirmant qu'il soutiendra l'annexion de ces « républiques ». Aussitôt, Poutine le reprend en insistant sur

1. En 2015, l'Ukraine adopte une série de lois dites de « décommunisation ». Celles-ci mettent sur le même plan les idéologies nazie et communiste et ont pour vocation de condamner ces régimes totalitaires.

2. Ces accords, signés le 5 septembre 2014 par l'Ukraine, la Russie, la France, l'Allemagne et les RPD-RPL, prévoient notamment un cessez-le-feu dans le Donbass et des mesures de transition visant à réintégrer les territoires occupés dans le giron ukrainien, sous conditions.

3. Les renseignements extérieurs russes, l'équivalent de la CIA.

la *reconnaissance* des indépendances. Le chef du renseignement répète alors sa phrase en employant le bon terme, mais sa formulation ne plaît toujours pas à Poutine : « Vous soutiendrez, ou vous *soutenez* la reconnaissance ? Soyez franc ! »

L'échange est lunaire. J'en retiens deux éléments : d'abord la terreur stalinienne qu'inspire Poutine autour de lui, ensuite l'impréparation de cet entretien. Narychkine paraît découvrir le sujet. Si les hautes sphères de l'État russe ne parviennent pas à se parler, alors comment le mastodonte qu'est l'armée russe pourra-t-il se coordonner sur le terrain ? Cet amateurisme me rassure. En revanche, je reste dépité par les analyses optimistes des commentateurs français. Tous, sans exception, refusent de voir la guerre approcher, malgré les déclarations incendiaires des derniers jours. Et peu reconnaîtront leurs erreurs d'analyse.

Le soir venu, je reçois un message de mon père. Il vit avec sa femme et mon demi-frère dans la banlieue ouest de Kyïv, dans le hameau de Chayky. À proximité se trouve un discret aérodrome, caché derrière une épaisse forêt et situé à peine à dix kilomètres à vol d'oiseau du centre-ville. La piste d'atterrissage, trop courte pour accueillir des bombardiers, peut en revanche servir pour les hélicoptères de combat. Il s'agit d'un lieu hautement stratégique. Si les Russes venaient à s'en emparer, ils pourraient y débarquer des centaines de Spetsnaz[1],

1. Forces spéciales russes.

et ainsi bloquer par l'ouest toutes les voies d'accès à la capitale.

Le message de mon père comporte plusieurs vidéos prises de son balcon, montrant l'installation de défenses antiaériennes en voie d'être dissimulées à la lisière de la forêt. J'identifie de vieux ZU-23-2, des canons soviétiques tractés par camion dont l'Ukraine est pourvue en grand nombre. Je suis rassuré de constater que les autorités décident enfin de mettre en alerte les sites sensibles. Mais pourquoi maintenant ? S'attendent-ils à une attaque dans les prochains jours ou s'agit-il d'une simple mesure de précaution ?

***

Nous sommes le 23 février, notre dernier jour à Bukovel. À mon grand étonnement, la station demeure animée, malgré les annonces catastrophistes. Les enfants continuent à jouer sur leurs luges, les adultes, à dévaler les pistes sans se soucier du bain de sang à venir.

J'essaie d'être optimiste. Je pense aux journées mémorables que nous venons de passer. Nous laissons derrière nous le parfum des conifères pour entrer dans le taxi qui nous conduira à Ivano-Frankivsk, où nous passerons la nuit avant de prendre un train pour Kyïv. Le chauffeur, la cinquantaine, père de trois enfants, semble serein. Sa nonchalance m'agace. Il me répond à sa manière : « Et alors, que vont faire les Russes ? Ils enverront leurs soldats contractuels, mais ils seront stoppés, car nous n'avons nulle part où aller si ce n'est en Ukraine. C'est notre terre, notre maison. Puis ils enverront les conscrits, et enfin les mobilisés, qui n'iront pas plus loin. Ils ne s'enfonceront pas à plus de trente kilomètres dans nos terres ! » Ses paroles s'avéreront prophétiques.

À Ivano-Frankivsk, j'apprends que l'aéroport de Kharkiv va être fermé pour la nuit, sans qu'aucune explication ne soit donnée par les autorités. Anxieux, je n'arrive pas à finir mon plat de pâtes.

Au moment de me coucher, je suis encore plus inquiet : Poutine n'a fait aucune déclaration fracassante, ni de sortie lyrique ; cette journée est seulement marquée par un calme étonnant côté russe. Ça sent mauvais ; ils doivent se préparer, fignoler les ultimes détails de l'invasion. Au fond de moi, je sais qu'un événement grave surviendra cette nuit.

Tous les Ukrainiens que je rencontrerai par la suite me diront avoir éprouvé ce même sentiment la veille de l'attaque de grande ampleur. Jamais la formule « le calme avant la tempête » n'a autant convenu. J'arrive à m'endormir enfin vers 1 heure du matin. Quelque temps plus tard, je suis réveillé par les premiers bombardements.

Vers 5 heures, un puissant bruit d'avion à réaction, qui dure à peine une seconde, déchire la nuit. Pas tout à fait tiré de mon sommeil, je suppose qu'il s'agit d'un appareil de chasse ukrainien effectuant une sortie au-dessus de la ville. L'armée de l'air a peut-être commencé un exercice ? Je ne crois pas à une charge russe à Ivano-Frankivsk, la ville est insignifiante, du fait de l'absence d'objectif stratégique.

Quelques minutes plus tard, le bruit se répète. Me ressaisissant petit à petit, je prends conscience de ce qu'il se passe. Lorsque je regarde par la fenêtre qui donne sur les maisons voisines, je ne distingue rien d'anormal. Sans attendre, je prends mon smartphone et me précipite pour lire les nouvelles.

J'apprends que les Russes ont frappé. Tous les grands aéroports du pays viennent de subir une attaque coordonnée. Je comprends qu'il nous sera impossible d'attraper notre vol de retour à l'aéroport de Kyïv-Boryspil. Je dois partir immédiatement et mettre Élodie en sécurité.

Le moyen le plus rapide serait de faire appel à un taxi pour nous mener à la frontière, mais les chauffeurs ont aussi une famille qu'ils chercheront à placer à l'abri avant nous. Nous prendrons donc le train. Mais je ne sais pas si les trains circulent encore ni s'il est possible de se procurer des billets.

Sur le site des chemins de fer, il ne reste que quelques places pour l'après-midi même, en direction de Przemysl, en Pologne, avec correspondance à Lviv. Je réserve aussitôt et je prie pour que le paiement ne soit pas bloqué par ma banque, comme cela arrive souvent à l'étranger. Opération réussie, ouf !

La priorité, c'est de franchir la frontière au plus vite, avant que le chaos ne règne dans le pays. Au même moment, j'entends pour la toute première fois le bruit strident de la sirène qui annonce un raid aérien. Je réveille Élodie, lui explique que la guerre a éclaté et que nous devons partir dans trente minutes. Elle ne pose pas beaucoup de questions et reste calme.

Sur le chemin de la gare, je perçois la fébrilité qui commence à atteindre la ville. Alors qu'il n'est que 6 heures du matin, la circulation est inhabituellement dense pour cette petite cité de province. Nous croisons des passants hébétés, qui s'arrêtent par moments pour observer les alentours avant de reprendre leur route à toute vitesse. Plus loin, une file d'attente longue d'une centaine de mètres s'est déjà constituée devant un distributeur de billets. La population anticipe l'arrêt du système bancaire et souhaite disposer d'argent liquide. En portant notre regard vers la droite, nous apercevons une fumée noire qui s'élève du côté de l'aéroport international et se diffuse sur plusieurs kilomètres. Je suis saisi d'effroi. Si les Russes ont pris pour cible la modeste Ivano-Frankivsk, cela signifie le déclenchement d'une offensive bien plus généralisée que je ne l'avais imaginée. À cet instant, je n'ose penser au sort horrible qui sera réservé aux habitants de Kharkiv et de Marioupol, en première ligne.

À la gare, une voix féminine sévère nous signale que notre train aura un retard d'une durée indéterminée. J'angoisse. Pourra-t-on arriver à temps à Lviv ? De façon périodique, une annonce essaie tant bien que mal de rassurer les voyageurs : « Citoyennes, citoyens, les gares ne représentent pas une cible militaire. Il n'y a pas de risque d'attaque sur les infrastructures civiles. » Je n'y crois qu'à moitié, car les Russes ne se sont jamais privés de frapper les civils, que ce soit dans le Donbass, en Syrie ou en Tchétchénie.

Une nouvelle fois, la sirène retentit mais aucune explosion ne se fait entendre. Nous attendons depuis une heure dans le froid glacial lorsque notre convoi arrive enfin à quai. Je suis soulagé de laisser la ville derrière nous ; il nous reste encore une chance de quitter le pays.

***

Ce voyage dure une éternité. Pour une raison qui m'échappe, le train ne roule qu'à 50 kilomètres/heure et s'arrête régulièrement pendant de longues minutes. Les sièges sont en bois, ce qui est très inconfortable. Après trois heures pénibles, nous entrons enfin à Lviv.

Il est 13 heures et nous n'avons rien avalé depuis hier. En attendant le prochain départ, nous trouvons un fast-food. Élodie commande une pizza et moi, un *bortsch*, la soupe traditionnelle à la betterave.

Les nouvelles sont mauvaises : la Russie affirme avoir détruit l'ensemble des défenses antiaériennes, ainsi que toute l'aviation et la marine ukrainiennes. L'ennemi est désormais maître du ciel. Le pire reste la prise de l'aéroport de Hostomel, au nord-ouest de Kyïv. Si les Russes le tiennent, ils auront la capacité de créer un large pont aérien permettant de débarquer hommes et matériel afin d'attaquer la capitale par l'ouest.

Poutine, certain de sa victoire rapide, appelle les militaires ukrainiens à déposer les armes, et en profite pour menacer les Occidentaux « qui tenteraient d'interférer ». Je redoute un scénario à la criméenne, où nos forces armées ont reçu l'ordre de ne pas riposter, trahies par les élites locales qui ont tourné casaque à la première occasion. Mais j'appréhende davantage la réaction des Occidentaux qui, cupides et lâches, se contenteront de communications et de sanctions inefficientes. Fort heureusement, Volodymyr Zelensky vient d'exiger d'infliger « un maximum de pertes à l'agresseur ».

En sortant de l'établissement, j'aperçois des dizaines de militaires, dont de nombreuses femmes, prêts à partir au combat avec leur paquetage. Cette fois-ci, nous riposterons, nous vendrons chèrement notre peau, nous vengerons la Crimée et le Donbass !

Vers 16 heures, nous montons enfin dans le train. Curieusement, le calme règne et seuls les passagers ayant acheté un billet se sont présentés. Les douaniers ukrainiens claquent sur mon passeport un tampon à l'encre rouge et noire, signifiant ma sortie du territoire en ce 24 février 2022. J'éprouve un sentiment de honte à ce moment précis. Je devrais me rendre à Kyïv pour me battre et non fuir à l'Ouest.

À peine deux heures et quelques cafés plus tard, nous arrivons en Pologne. Je suis soulagé de savoir qu'Élodie est enfin en sécurité et que, désormais, plus rien ne peut lui arriver. Je suis surpris de voir des dizaines de journalistes à la sortie de la gare, caméras et micros pointés vers nous avec insistance. Je n'ai ni la force, ni l'envie de leur parler. Je leur signifie mon refus d'un mouvement de la tête, tandis que d'autres passagers se prêtent aux interviews. Je prends alors conscience que nous sommes les tout premiers réfugiés d'Ukraine.

Nous nous rendons à la gare routière, où le prochain départ pour Cracovie est prévu dans deux heures. J'en profite pour prendre des nouvelles de mon père resté à Kyïv. Il demeure étonnamment calme, mais est dépité d'avoir raté de peu la distribution de kalachnikovs dans son quartier.

En fin de matinée, un camion de la Garde nationale est venu à Chayky, fournissant une cinquantaine d'armes de guerre ainsi que des munitions à ceux qui le souhaitaient. Devant l'afflux d'hommes et de femmes, le véhicule s'est vidé en quelques minutes.

Ce type de distribution aux civils est caractéristique des premiers jours de l'invasion. Elle traduit une forme de panique, de défaitisme de la part de l'État qui, par ce « don », révèle qu'il n'a pas su organiser une armée capable de nous défendre au cours des huit dernières années.

Sur les réseaux, les prorusses s'en donnent à cœur joie, accusant Zelensky d'utiliser le peuple ukrainien comme chair à canon pour sauver son « régime ». La réalité est tout autre : les autorités n'ont simplement pas eu le choix. Si les armes n'avaient pas été fournies, le peuple serait allé les chercher lui-même dans les casernes.

Nombre d'Ukrainiens l'ont fait en 2014 et étaient prêts à recommencer en 2022.

Par cette action, le gouvernement a su canaliser la colère du peuple tout en évitant le chaos. C'est aussi un coup de maître en matière d'image : l'opinion internationale découvre à cet instant l'héroïsme des Ukrainiens. Lorsque des mères et des vieillards prennent spontanément les armes, vous prenez conscience du désir de vivre d'un peuple. Ce jour-là, toute la rhétorique russe concernant la prétendue artificialité de l'Ukraine est morte. Ce 24 février, la Russie a définitivement perdu la guerre.

Le car arrive tard dans la soirée à Cracovie. Nous marchons sans attendre vers notre logement. Je sens l'épuisement me gagner lorsque je tire nos deux valises dans les rues pavées de la ville – cela fait presque vingt heures que nous sommes sur la route.

Nous entrons dans le vieil hôtel au style baroque en même temps qu'un autre homme, la quarantaine, forte stature, costume gris. Je l'entends parler russe au téléphone. Je ne peux m'empêcher de lui demander d'où il vient et la raison de sa présence en Pologne. Il m'apprend qu'il a quitté Kharkiv deux jours plus tôt, sans me dire s'il a été prévenu de l'attaque, et m'explique travailler dans l'administration municipale. Au vu de son habillement soigné et de sa montre Piaget, il empeste le fonctionnaire corrompu. Il m'écœure. Je n'admets pas que l'on puisse fuir en abandonnant ses administrés. Les rats quittent le navire en premier. Ne voulant pas être un de ceux-là, j'annonce au déserteur que, moi, je reviendrai dès que possible en Ukraine. Il doit comprendre que j'ai passé la frontière par souci de responsabilité vis-à-vis de ma compagne, non par lâcheté. Imperturbable, il me répond que je risque d'y passer. Et alors ? Tous ne sont pas dépourvus d'honneur comme toi, aurais-je aimé lui dire. C'est à ce moment précis que j'ai compris que mon retour était inéluctable.

Le lendemain, alors que nous déjeunons dans un bar de l'aéroport, je fonds en larmes après avoir reçu des nouvelles de mes amis partis au front. Je suis inconsolable pendant de longues minutes. Mon esprit décompense ; la fatigue physique et mentale a eu raison de moi. Je prends conscience de la catastrophe, pleure pour les victimes à venir. Je connais intimement les intentions des Russes, je sais qu'ils réduiront en cendres toutes les villes qui se trouveront sur leur chemin, faisant fi des civils. Le sort de Grozny et d'Alep nous attend.

Petit à petit, je me reprends, j'essuie mes larmes. Je me dois d'être fort, à l'instar de mes amis. Ils se battent comme des diables, leur moral est excellent, l'ennemi n'avance pas aussi facilement qu'il l'aurait souhaité. C'est tout ce que je sais. Nous vaincrons, c'est une certitude.

***

L'avion décolle, direction l'aéroport de Charleroi où notre voiture nous attend. Après quarante heures de route, je vais retrouver ma maison, ma chambre, l'odeur rassurante de mes draps.

Je pensais être soulagé en passant le seuil de ma porte, mais c'est tout l'inverse qui se produit. Les valises à peine déballées et rangées, la mélancolie m'envahit. Je réfléchis dans le vide, me sens lâche et honteux d'avoir abandonné les miens. Je me méprise. Heureusement, Élodie est à mes côtés. Si j'ai quitté l'Ukraine, c'est pour la sauver, j'ai au moins accompli une bonne action. Et maintenant, que faire ? Je me remémore une devise qui me guide souvent : « Bien penser, bien dire, bien faire. »

La finalité de notre vie, c'est l'action, l'action juste. Sans elle, nos pensées et nos paroles sont vaines. Chaque minute d'inaction est un moment perdu. Je sens qu'il est temps d'agir.

2

Premiers voyages dans un pays en feu

Le 25 février au soir, j'écoute l'intervention de Volodymyr Zelensky qui se filme avec son téléphone dans le centre-ville de Kyïv, entouré des principaux dirigeants politiques du pays. Ils n'ont manifestement pas peur de se trouver à découvert, en pleine rue, alors que, selon une rumeur, des agents russes infiltrés ont pour mission de les assassiner.

Les mots choisis par le président sont simples et directs. Le ton est celui d'un homme déterminé et combatif : « Nous sommes là, nos militaires sont là, nos citoyens sont là, nous sommes tous là, défendant notre patrie et notre indépendance. Gloire à nos défenseurs, gloire à l'Ukraine, gloire aux héros ! » Ses paroles me donnent du courage, de l'espoir, l'envie de me lever et de me battre, moi aussi, pour mon pays, pour mon peuple, et pour nos valeurs. Lorsque la vidéo se termine, je sais que ce moment entrera dans l'histoire.

Maintenant, que faire ? Je n'ai aucune idée d'où commencer. Pourrai-je repasser la frontière ? Dans quel hôpital proposer mes services ? Où me loger ? Quel serait l'itinéraire ? De quel matériel médical aurai-je besoin ? Que faut-il acheter pour se rendre sur une zone de guerre ? Dois-je y aller seul ou accompagné ? Chaque question ouvre le champ à de nouvelles interrogations.

Je dois d'abord annoncer mon départ à Élodie, qui refuse de me laisser prendre la route vers l'inconnu. Il faut que je la rassure, mais comment ? En réalité, c'est impossible. Nous savons tous les deux que ce voyage peut être sans retour. Ma compagne comprend toutefois qu'il s'agit pour moi d'une question de devoir. Et elle me connaît assez pour savoir qu'il est difficile de me faire changer d'avis quand j'ai pris une décision.

Je devais retourner à l'hôpital le 1er mars, mais mes collègues me proposent spontanément de poser un mois de congé et de me remplacer pendant mon absence.

Il est crucial pour Élodie que je trouve un compagnon de voyage. Je crée donc un groupe Facebook intitulé « Volontaires soignants en Ukraine », qui reçoit, en une semaine à peine, plus de mille demandes d'inscription. L'indignation que soulève cette invasion aurait-elle tiré les Français de leur léthargie ?

Je prends ensuite contact avec l'ambassade d'Ukraine, comme le font les candidats à la Légion internationale, unité créée sur ordre de Zelensky le 27 février. Le chaos provoqué par l'offensive russe a déjà attiré plusieurs milliers de volontaires. Par effet miroir m'apparaît l'idée de fonder une « légion internationale de soignants ». Malheureusement, je n'obtiendrai jamais de réponse de l'ambassade, et, faute de moyens, mon projet sera enterré quelques semaines plus tard.

Dès les premiers jours, un immense élan de solidarité s'organise autour de moi. La première personne à m'épauler est mon amie Peggy, infirmière anesthésiste. Cette femme est un pur produit du Nord, toujours optimiste et prête à aider son prochain.

Grâce à ses contacts, on me prête un fourgon Renault Master, et on me donne plus de deux tonnes de matériel médical. Contrairement à l'armée russe, je comprends l'importance de la logistique : Peggy sera mon maréchal des logis pour le reste de la guerre.

Je reçois une centaine de messages *via* mon groupe Facebook. Des profils peu variés sociologiquement. Presque tous sont des hommes, sans enfants, souvent sans emploi, et semblent avoir découvert l'Ukraine il y a quelques jours. Parmi les candidats au départ, beaucoup pratiquent l'airsoft[1] et pensent qu'ils sont dès lors des combattants aguerris.

Or ce loisir n'a rien à voir avec les frappes d'artillerie, les attaques au phosphore, et encore moins les confrontations aux chars de combat. Ils ignorent tout de

1. Cette activité de loisir consiste à utiliser des répliques non létales d'armes à feu dans des scénarios opposants deux équipes, voire dans des parties de simulation militaire qui peuvent durer plusieurs jours.

la gestion de la faim, de la soif, du froid, du manque de sommeil et d'hygiène, et de la peur qui prend les tripes à chaque instant. Malheureusement, des milliers de pieds nickelés vont tenter de rejoindre l'Ukraine au cours des prochains mois. Je n'ai rien en commun avec ces gens-là.

Une seule personne a le profil adéquat : Loïc, un militaire de 26 ans, spécialiste de la lutte antichar, qui a effectué de nombreuses opérations extérieures. Il souhaite se rendre en Ukraine en tant qu'humanitaire. Passionné de guerre, il connaît sur le bout des doigts le matériel qu'utilisent les armées russe et ukrainienne. Cerise sur le gâteau, il possède une formation de sauvetage au combat de premier niveau (SC1). Nos échanges téléphoniques finissent de me convaincre – Loïc m'accompagnera.

Enfin, il me manque un casque balistique et un gilet pare-balles, mais je n'y connais rien. J'appelle mon ami Moshé, un chef d'entreprise français qui vivait à Donetsk au moment de l'entrée de l'armée russe dans la ville en 2014. Très épris de la cause ukrainienne, il s'est engagé comme volontaire au sein du bataillon Aïdar[1] et a combattu jusqu'en 2015 avant de revenir en France. Depuis, il « sponsorise » l'armée ukrainienne et en sait plus que quiconque sur le matériel militaire. Il me trouve ce dont j'ai besoin à un prix raisonnable.

1. Premier bataillon de défense territoriale créé en Ukraine en 2014.

Le jour du départ est très stressant : je dois traverser toute l'Europe avec un véhicule surchargé, accompagné d'un acolyte que je n'ai jamais rencontré, entrer dans un pays en guerre, trouver les personnes à qui distribuer le matériel médical, et, enfin, réussir à exercer la médecine, le tout en espérant ne pas me faire tuer. La tâche me semble titanesque. Heureusement, mon oncle Oleksiy m'apprend qu'il sera de passage à Lviv dans deux jours et me propose son aide.

Les adieux avec Élodie sont déchirants. Nous nous serrons longtemps dans les bras, et nous fondons en larmes. Alors que je m'apprête à monter dans le véhicule, elle me fait promettre de revenir sain et sauf.

Je roule jusqu'à Metz afin de récupérer Loïc. Il est plutôt souriant et blagueur. Le premier contact est assez formel, et il met vite ses sacs dans l'utilitaire. Sur le chemin, nous apprenons à nous connaître. Il me raconte ses expériences au Mali, avant de commenter avec précision des vidéos de scènes de combat qui commencent à apparaître sur divers groupes Telegram. Selon lui, les soldats russes manquent de professionnalisme, faiblesse qui sera compensée par l'usage massif d'artillerie. Il ne croit pas à une victoire russe facile et rapide. Son analyse peut sembler évidente *a posteriori*, mais peu de monde ose miser sur nous en février 2022, face à la prétendue « deuxième armée du monde[1] ».

1. Selon le site internet GlobalFirePower.

Après quinze heures de route et une étape dans un hôtel pour routiers en Allemagne, nous arrivons enfin à la frontière ukrainienne. Il est minuit, le ciel est d'un noir profond et tombent d'épais flocons qui blanchissent le paysage. Au guichet des gardes-frontières polonais, Loïc me glisse qu'il a laissé son passeport… en France ! Je n'en reviens pas : « Quel idiot ! » La rumeur court sur Internet qu'une carte d'identité suffit et, comme il possède un passeport militaire, il n'a pas souhaité le prendre de peur d'être poursuivi par l'armée française à son retour[1]. Ça ne manque pas : on lui refuse l'entrée. Je suis fou de rage.

Il trouve finalement une solution : « Écoute, un ami va récupérer mon passeport à la caserne, et nous allons prendre la route tous les deux pour nous retrouver à mi-chemin, à Prague. Tu m'attendras dans un hôtel. Je serai de retour dans l'après-midi. » Je culpabilise un peu de le laisser repartir seul, mais je n'ai pas d'autre option que d'accepter.

Loïc ne revient que tard le soir, après avoir conduit sans interruption pendant plus de vingt heures. J'ai angoissé toute la journée, redoutant qu'il lui arrive un accident. Épuisé, il me laisse le volant et s'endort aussitôt.

Alors que nous approchons de nouveau de la frontière, nous sommes confrontés à l'exode de milliers

1. La plupart des militaires français ont reçu pour consigne de ne pas se rendre en Ukraine.

d'Ukrainiens. Beaucoup de jeunes enfants et de femmes âgées endurent le froid glacial depuis des jours, se déplaçant souvent à pied, avec sacs et valises. Des dizaines de volontaires distribuent nourriture et boissons aux déplacés. J'ai mal au cœur pour eux, mais aussi pour l'Ukraine qui perd à jamais ses enfants. Car je sais que la majorité d'entre eux ne reviendront pas.

***

Voilà, nous sommes enfin en Ukraine. Nous nous dirigeons vers Lviv de nuit quand je reçois un message d'Oleksiy : « À l'approche d'un *blockpost*[1], éteins les phares, allume les feux de détresse et l'éclairage de cabine, ouvre la fenêtre et tends ton passeport au garde. Quant au mot de passe, c'est "robe", et eux te répondront "saphir". » Ça fait beaucoup d'informations d'un seul coup ; le stress est à son comble. Je crains d'être retenu et de devoir m'expliquer pendant des heures.

Fort heureusement, tout se déroule bien jusqu'à Lviv, sauf à l'entrée de la ville : il est minuit passé et notre mot de passe est celui… de la veille. Mais, bienveillant, le garde s'écarte après avoir examiné le véhicule.

À Lviv, nous logeons chez un ami officier de mon oncle. Il nous accueille vers 3 heures du matin dans la tradition de l'hospitalité ukrainienne. Il nous réchauffe

1. Nom donné au *check-point* ou au « point de contrôle » en Ukraine.

un *bortsch*, coupe des tranches de *salo*[1], et nous propose de la *horilka*[2]. Enfin, il nous montre le canapé sur lequel nous dormirons.

Au petit matin, Oleksiy arrive, accompagné de deux volontaires de son organisation, mais aussi de cinq réfugiées évacuées de Kyïv. L'une d'elles tient une imposante cage dans laquelle miaule un maine coon à la robe grise. Nombreuses sont les images émouvantes d'évacuation d'animaux par leurs maîtres ; il ne s'agit pas d'une posture visant à attendrir les Occidentaux, mais d'un réel attachement culturel des Ukrainiens à leurs compagnons à quatre pattes. Eux aussi sont les victimes innocentes de l'agression russe.

Nous nous rendons dans une zone industrielle désaffectée, située dans la banlieue de Lviv, pour charger en aide humanitaire les trois fourgons du groupe d'Oleksiy. Le bâtiment d'allure abandonnée, sûrement dans un souci de discrétion, est en réalité rempli de dizaines de tonnes de nourriture, de produits de première nécessité et d'eau potable. À l'intérieur, une armée de volontaires gère la distribution du stock, afin d'apporter le minimum vital aux civils vivant près des zones de combat. Après trois heures de travail, nous quittons enfin Lviv.

Les rumeurs disent alors que les Russes occupent la principale route d'accès à Kyïv, la E40. Mais, à vrai dire, nous ne savons pas exactement où se situe

1. Lard de porc salé.
2. Nom donné à la vodka en Ukraine.

l'ennemi. Nous ne disposons pas encore du site DeepStateMap, qui nous renseignera bientôt sur l'occupant du moindre hameau. En outre, nous avons tous en tête les images horribles de véhicules civils mitraillés par des soldats russes. Pour ne prendre aucun risque, nous choisissons de faire un détour par Vinnytsia, rallongeant considérablement le trajet.

Grâce aux bonnes relations qu'entretient le fonds de charité d'Oleksiy avec la police, nous obtenons une escorte qui nous permet de passer sans contrôle les *blockposts* et d'éviter les bouchons. Cette association est appelée symboliquement « Bataillon des volontaires ». Il fournit l'armée ukrainienne depuis 2015 en vivres, vêtements, et tout type de matériel militaire. Ces nombreux fonds privés, apparus dès l'agression russe dans le Donbass, ont suppléé les déficiences de l'État, incapable d'équiper correctement les hommes qui défendaient la souveraineté du pays.

À notre arrivée, le soir, à Vinnytsia, la police nous guide jusqu'à une école qui sert désormais de base pour la Défense territoriale. Le bâtiment est presque invisible la nuit, puisque toutes les fenêtres sont condamnées et l'éclairage public à proximité reste éteint. Seuls les nombreux sacs de sable disposés tout autour et les gardes cagoulés trahissent la nature du lieu.

À l'intérieur, nous faisons la connaissance de la commandante de l'unité, Maroussia, qui nous accueille chaleureusement. Visiblement, mon oncle la connaissait avant la guerre. Elle m'apprend qu'elle vient de Marioupol, et que sa mère et sa fille de 15 ans s'y trouvent toujours, encerclées par les Russes depuis dix jours. Maroussia me confiera quelques jours plus tard que, face à la pénurie d'eau, elles ont été contraintes de boire leur urine pour survivre. À l'automne 2023, les médias ukrainiens ont documenté 87 000 civils tués à Marioupol.

On nous fournit tapis de sol et sacs de couchage que l'on dispose entre les piles immenses de filets de camouflage stockés dans la pièce. En allant aux toilettes, je tombe nez à nez avec un garde qui en surveille l'entrée. La vue de cet homme armé d'une kalachnikov gardant les cabinets me paraît absurde, et cela me fait l'effet d'un électrochoc. Les *blockposts*, les hérissons tchèques[1] disposés à chaque coin de rue, la multitude d'hommes en armes, les sirènes d'alarme, l'exode vers l'ouest… tout le pays que je connaissais s'est transformé radicalement. L'Ukraine empeste la guerre.

Le lendemain, nous pénétrons à Kyïv par le sud, car contrairement à ce qu'affirment les médias français, la ville est loin d'être encerclée[2]. Des milliers de véhicules attendent pour entrer ou sortir dans la ville, ralentis par les multiples barrages. L'ambiance est comparable à

1. Obstacle antichar en acier.
2. Benjamin Delombre *et al.*, « Guerre en Ukraine : la capitale Kiev est encerclée », Francetvinfo.fr, 11 mars 2022. Cécile Soulé, Isabelle Lassalle, Jade Peychieras, « Guerre en Ukraine : Kiev encerclée, Marioupol dévastée, civils visés, ce qu'il faut retenir ce samedi », France Bleu, 12 mars 2022.

l'atmosphère postapocalyptique de la série *The Walking Dead*, comme si tous les habitants s'étaient volatilisés du jour au lendemain.

Depuis l'appartement de mon oncle, dans le quartier de Sviatochine qui borde Irpin, nous pouvons entendre, au loin, des bombardements. Au son des explosions, Loïc estime que nous nous trouvons à 10 kilomètres du front.

Après quatre jours de voyage, nous pouvons enfin commencer la mission. L'hôpital militaire de Kyïv est notre première étape ; nous devons y rencontrer un anesthésiste militaire, une connaissance de mon oncle, qui s'est montré disposé à m'aider. Sur place, je lui donne une partie de mon chargement. D'abord agacé de voir débarquer un énième volontaire distribuant du matériel inutile, qui ne ferait qu'encombrer le dépôt de l'hôpital, il est agréablement surpris lorsqu'il voit des cartons d'anesthésiant, des respirateurs portatifs et des aspirateurs de mucosité. Il me prend finalement au sérieux et me conduit à Oleksandr Buhay, colonel et chef des anesthésistes-réanimateurs de l'armée ukrainienne.

La rencontre est catastrophique. Alors que nous nous trouvons dans une salle où un flot continu de blessés graves passe devant nous, il me dit avec nonchalance qu'il n'a pas besoin d'aide, mais que je peux dispenser les bases du secourisme aux membres de la Défense territoriale. « Le salaud », me dis-je. Buhay est la caricature du médecin militaire haut gradé, déconnecté de la réalité, parce que trop longtemps assis derrière un bureau. Il est évident que l'armée ukrainienne manque d'anesthésistes, je le vois là, devant mes yeux : les blessés sont trop nombreux par rapport à leurs effectifs. Par fierté ou par ignorance, il refuse mon secours…

Le lendemain, je propose d'intervenir dans les hôpitaux civils n° 5, n° 7 et n° 8, qui accueillent en priorité les blessés du front de Kyïv. Mais la réponse est toujours la même : « Un grand merci pour ton aide et le matériel que tu viens de nous donner, mais on s'en sort, tu sais… La chirurgie programmée a été annulée et on a reçu des renforts de la part des anesthésistes qui ont fui l'occupation au Nord. De plus, les civils sont tous partis, ça nous fait moins de travail. »

Je suis dépité. Je suis venu soigner mes compatriotes, accomplir mon devoir patriotique, mais tous refusent mon assistance.

Dans une dernière tentative, Oleksiy me propose de nous rendre à l'hôpital de Bucha, à 15 kilomètres. Depuis quelques jours, il est en contact avec un médecin exerçant là-bas qui lui a dit : « Bucha est en première ligne, l'hôpital a été bombardé, alors on opère dans le sous-sol… sans compter que la plupart des médecins ont fui la ville. On est dans la merde. »

On enfile nos casques et nos gilets, et on se dirige vers la ville. Cinq minutes après notre départ, mon oncle appelle le médecin afin de le prévenir de notre arrivée. Sa réponse nous cloue sur place : « Vous êtes dingues !

L'hôpital a été détruit et la ville grouille de Russes ! » Nous avons failli nous jeter dans la gueule du loup.

***

De retour à l'appartement, je prends la décision de rentrer en France le lendemain, en m'excusant auprès de Loïc. Lui aussi souhaitait se rendre utile en apportant son aide aux civils. Oleksiy sort alors une bouteille de cognac, car, ce 12 mars, je fête mes 32 ans, même si je ne suis pas d'humeur à célébrer quoi que ce soit. Pendant que nous trinquons, nous entendons des armes automatiques. Loïc, d'habitude si calme, paraît stressé et me dit : « Si on entend des tirs de kalachnikov d'ici, c'est que les combats ne doivent plus être qu'à un kilomètre de nous. » L'ennemi se rapproche.

Au petit matin, nous sommes les seules personnes dans le quartier, et le silence m'angoisse. Nos troupes ont-elles cessé le combat durant la nuit ? Pour ne rien arranger, le GPS nous fait passer vers l'ouest par la E40. Or, cet itinéraire nous mène vers les positions… russes. Si nous croisons des unités embusquées, notre véhicule sera mitraillé sans sommation, c'est sûr. Heureusement, nous parvenons sans encombre jusqu'à l'intersection qui nous fait redescendre en sécurité vers le sud.

Des centaines de kilomètres de bouchons s'accumulent encore à travers tout le pays. Pour les éviter, j'ai collé de larges bandes de ruban adhésif rouge en forme de croix sur le véhicule, et je roule en dépassant tous les autres grâce aux feux de détresse et au gyrophare que Loïc a emportés. Nous sommes dans un fourgon sanitaire après tout. Deux jours plus tard, je suis de nouveau à Lille.

Mais mon retour en France sera de courte durée. L'Institut catholique me fournit du matériel très précieux : un respirateur d'anesthésie et des cartons entiers de médicaments, pour une valeur totale de 70 000 euros. Les dons que je reçois me permettent d'acheter 50 Ifak[1] et 70 lunettes balistiques, très demandés par les combattants. Enfin, un ami de Peggy me contacte pour m'offrir une ambulance d'occasion. Jackpot ! J'ai le nécessaire pour repartir.

Loïc accepte de me suivre à nouveau. Il propose que nous soyons accompagnés par une troisième personne : « J'ai discuté avec un militaire qui dit être déjà allé en Ukraine. Il souhaite venir avec nous et semble sérieux. » C'est parfait, on ne sera pas de trop pour conduire les deux véhicules.

Loïc et Mohammed me rejoignent fin mars pour le départ. Sur la route, je veux en savoir plus sur notre nouvel ami. Il me dit qu'il est né en Mauritanie, qu'il a grandi au Canada avant de s'engager dans l'armée française. Mais il n'a pas l'accent québécois et ne parle pas un mot d'anglais ; je suis immédiatement sur la réserve. Lorsque je l'interroge sur son prétendu voyage en Ukraine, les incohérences s'accumulent. Il raconte

1. Acronyme de *Individual First Aid Kit* ; en français, kit de premiers secours.

être allé à Kyïv pour une mission « d'extraction » de journalistes de M6, mais ne connaît pas le nom des reporters ni des lieux où il s'est rendu. Il m'explique aussi qu'il roulait de nuit dans le pays, or je sais que c'est impossible, à cause du couvre-feu. Sur le chemin, je dis discrètement à Loïc que Mohammed ment, et que, une fois à Kyïv, il devra tracer sa route seul. Je refuse de travailler avec des mythomanes.

Mes doutes sont confirmés à la frontière polonaise. Il est stoppé net car… il ne possède pas de passeport. *Bis repetita*. Furieux d'être refoulé, il invective les gardes-frontières qui le placent dans un cercle blanc tracé à la craie au sol avec interdiction d'en sortir. C'est presque comique. Sans la moindre culpabilité, je lui annonce que nous repartons sans lui.

***

Ma première confrontation aux crimes de guerre russes date du 3 avril 2022, alors que nous roulons sur la E40 vers Kyïv, libérée deux jours plus tôt. La route a été le théâtre d'âpres combats, les chars ennemis éventrés et les dispositifs piégés désamorcés jonchent le bitume. La plupart des cadavres de civils exécutés en ont été enlevés la veille, mais ici subsistent toutes les preuves des massacres. Chaque véhicule détruit raconte son histoire tragique. Une ambulance gît au milieu de la voie, le pare-brise percé d'une vingtaine de balles. Un bus jaune avec l'inscription « Enfants » sur chaque côté a été lui aussi mitraillé et s'est encastré dans la glissière centrale de sécurité. Une puanteur s'en échappe et je n'ose pas monter dedans.

Dans un fossé est encastrée une citadine criblée de balles. J'observe dans l'habitacle une bouillie de chair séchée, près du siège auto pour enfant. Ni les larmes, ni la nausée ne me viennent à la vue de cette atrocité, le crime est si abject que mon esprit est comme paralysé. Ce n'est qu'un an plus tard que je prendrai pleinement conscience des horreurs auxquelles je n'ai pas été préparé.

Kyïv est inchangée depuis la dernière fois : presque vide d'habitants mais les étals des magasins toujours bien remplis. L'ambulance est donnée à Yuliya Tolmachova, présidente de l'ONG « Maison du vétéran », qui la transférera à l'armée. Je lui demande alors de jouer de ses relations pour me trouver du travail ; la réponse à ses requêtes est cependant toujours la même : « On ne peut pas accueillir ton Français. S'il meurt, ça nous fera une très mauvaise presse… » De nouveau, on m'empêche d'aider.

Je change alors de stratégie : je vais voir les milices irrégulières, qui seront moins regardantes sur ma nationalité. La première est le bataillon « OUN[1] », dont la base se situe dans un building du centre-ville encore en chantier ; la seconde est le bataillon « Fraternité », dans l'université Taras-Chevtchenko. Afin de faciliter

1. Organisation des nationalistes ukrainiens.

la prise de contact, je leur donne mes Ifak et plusieurs lunettes balistiques.

Lorsque je veux parler à leur « responsable médical », la réponse est toujours aussi décourageante : « On n'a même pas d'infirmier, personne ne sait poser une perfusion ici. » Je regrette de leur avoir donné du matériel dont ils ne sauront pas se servir. Le niveau de préparation de ces unités est tellement bas qu'il m'est impossible de travailler avec elles sans risquer de mourir dès la première mission.

Le 7 avril, j'ai rendez-vous au monastère Saint-Michel-au-Dôme-d'Or pour fournir le reste de mon chargement à une organisation militaro-sanitaire que je n'ai jamais rencontrée. Une connaissance dont la belle-fille en est membre m'a donné leur contact. Cette dernière, m'accueille en se présentant sous le pseudonyme « La Crème ».

Dans l'enceinte de l'abbaye, j'aperçois une trentaine d'ambulances et de pick-up, tous repeints en vert et noir, la plaque d'immatriculation remplacée par l'inscription « Hospitaliers », suivie d'un numéro. Une centaine de personnes aux tenues militaires dépareillées s'activent au milieu des moines qui vaquent à leurs occupations. Étrange ambiance.

La Crème m'introduit auprès des deux membres de son équipe, aux physiques très similaires. Ils ont la trentaine, forte carrure, longue barbe, une casquette verte, et un foulard autour du cou. Ils sont armés de kalachnikovs avec trois chargeurs à l'avant de leur gilet pare-balles, un Makarov[1] ainsi que deux RGD-5[2] à la ceinture. De véritables clichés de mercenaires travaillant pour Blackwater, cette société militaire privée américaine dont les soldats sont intervenus en Irak et en Afghanistan entre 2001 et 2010.

Le premier annonce être le médecin du groupe… je n'en crois pas mes oreilles ! Rien ne pouvait l'identifier comme tel. Il n'a aucun attribut médical, pas même un stéthoscope. Très sympathique, il m'explique qu'il est ophtalmologue spécialiste de la cataracte, ce qui ajoute à l'absurde… pourquoi pas un médecin de santé publique, tant que nous y sommes ?

Sans me saluer, l'autre tente de s'imposer face à moi : « Alors comme ça, gamin, tu veux rejoindre les Hospitaliers ? Sache que cela peut se transformer en voyage sans retour… » En souriant, je lui réponds que j'adore voyager, surtout en Ukraine. Il me dit, soudain déridé : « J't'aime bien toi, tu me fais rire… » Il finira par me convaincre de sa piètre qualité humaine lorsqu'il menacera une pauvre caissière avec son arme, sous prétexte qu'elle ne prend pas assez vite son paiement en caisse. C'est le premier archétype du cow-boy ukrainien en temps de guerre que je rencontre, ce ne sera malheureusement pas le dernier.

La Crème me propose de les accompagner à Tchernihiv[3], car ils doivent préparer l'itinéraire d'Épiphane, le

1. Pistolet soviétique.
2. Grenade soviétique.
3. Ville de 250 000 habitants située au nord-est de Kyïv.

métropolite[1] de la nouvelle Église orthodoxe ukrainienne. Ce dernier souhaite se rendre dans ce haut lieu de l'orthodoxie, assiégé depuis un mois.

Je découvre une ville totalement coupée du monde : tous les ponts ont été détruits par les Russes lors de leur retraite ; l'aide humanitaire peine à y entrer. Les ponts flottants sur lesquels nous passons, installés à la hâte, sont peu rassurants. Sur le chemin, je poste sur les réseaux sociaux la vidéo d'un hôpital détruit, afin de montrer au monde la stratégie criminelle russe.

Un peu plus loin, j'aperçois une zone résidentielle, où tiennent encore trois immeubles éventrés. Une bombe FAB-500[2] y a été larguée, créant un cratère de 10 mètres de diamètre sur 4 de profondeur. Dans les débris, je vois les restes d'une mâchoire humaine ainsi qu'une oreille à laquelle un bout de scalp est encore attaché. La haine commence petit à petit à prendre le pas sur la colère.

Dernier jour en Ukraine. Je décide d'apporter le reste de mon matériel médical à l'hôpital de Borodyanka, où l'ennemi a méticuleusement tout emporté dans sa retraite. La ville est devenue l'un des symboles de la terreur russe et les destructions méthodiques ont attiré les journalistes du monde entier.

En marchant dans la ville, j'aperçois près d'un caniveau un ours en peluche rose à moitié calciné. À côté

1. Chef de l'Église orthodoxe.
2. Bombe russe non guidée de 500 kilos, larguée par avion.

se trouvent les photographies de mariage d'un couple ordinaire. En levant la tête vers un immeuble, on voit au cinquième étage l'intérieur d'une cuisine, dont la moitié s'est effondrée dans le vide. Cette insertion dans l'intimité des gens est macabre.

Le jour de mon départ pour la France, La Crème me demande de rejoindre les Hospitaliers : « On a besoin de gens comme toi ! » me dit-elle. Selon les mots d'Oleksiy, ils ne sont qu'un groupe de secouristes « semi-suicidaires, courant en plein milieu du champ de bataille pour évacuer les blessés ». Mais eux, au moins, veulent bien de moi. Alors j'irai.

3

Mon baptême du front

Un mois et demi s'est écoulé depuis le début de la « guerre à grande échelle ». Mon troisième voyage en Ukraine va enfin être le bon ; il ne me reste plus qu'à attendre des nouvelles de La Crème.

Pour l'heure, je reprends le travail, même si j'ai la tête complètement ailleurs. Je ne me sens plus à ma place dans cette société si indifférente à notre sort. Le monde a découvert les images horribles du massacre de Boutcha, et est désormais témoin de l'horreur russe. La colère ne cesse de grandir en moi. Je me sens inutile, à faire des anesthésies générales alors que les pires sévices ont lieu dans mon pays d'origine. L'envie de repartir en Ukraine me dévore de l'intérieur.

Quelques jours plus tard, je reçois un message de Tamara, qui me contacte de la part de La Crème. Celle-ci cherche un médecin pour intégrer son « équipage[1] ». Tamara demeure très discrète sur le lieu et les

1. Nom donné à une équipe du bataillon des Hospitaliers, pouvant comporter entre deux et huit membres.

conditions dans lesquelles nous travaillerons. Je sais juste que nous partirons « en rotation » pendant trois semaines auprès d'une unité de marines, et que je travaillerai dans un *medevac*, accompagné d'un *casevac*. Je ne comprends pas son jargon, mais j'accepte en me disant que j'apprendrai sur place. Et surtout, je ne veux pas passer pour un ignorant. Le départ est prévu de Kyïv fin avril, j'ai donc dix jours pour me préparer.

Le reste de mes journées est dédié à l'organisation. Il n'est plus question de partir dans une aventure humanitaire, mais de préparer une mission de plusieurs semaines sur le front. Afin de ne plus ressembler à un *kadyrovtsy*[1], je remplace mon casque et mon gilet noirs par du matériel vert et brun. Si je veux être pris au sérieux, il faut que j'aie l'air d'un vrai « médecin de combat ».

Loïc ne partira pas avec moi cette fois-ci, il va bientôt être papa. Il me prodigue néanmoins de précieux conseils sur les achats : vêtements thermiques, cagoule, genouillères, lampe frontale avec couleur rouge pour être plus discret la nuit, batteries externes pour le téléphone, couteau de chasse, mousquetons… J'ai le sentiment de me préparer pour du camping extrême.

J'emporte un masque à gaz et un carnet de papier détecteur P.D.F1, que l'on colle sur soi ou sur son véhicule : si un agent chimique est détecté, sa couleur

1. Hommes de la milice privée tchétchène de Ramzan Kadyrov, habituellement vêtus de noir au début de la guerre à grande échelle.

change, selon la composition du gaz. Je prépare également des kits injectables d'atropine et de midazolam. Ces médicaments ne font qu'atténuer temporairement les symptômes du gaz sarin, puisqu'il n'existe aucun antidote. Car les rumeurs s'accroissent sur l'utilisation d'armes chimiques par les Russes.

Je dissimule la nature de ma mission à Élodie et les dangers auxquels je serai exposé. Je lui promets que je soignerai quelque part du côté de Kyïv, bien à l'abri des combats. Entre-temps, nous signons le compromis d'achat de notre nouvelle maison et mettons la nôtre en vente. Malgré la guerre, la vie continue.

Je repars le 26 avril au volant d'une ambulance donnée par Gerry, le président de l'association béthunoise AFAH[1]. Elle est chargée comme une mule et destinée à une unité de l'armée régulière. Je me mets en route à 10 heures et j'arrive à la frontière ukrainienne dans la nuit. Une fois celle-ci traversée, je dors une heure dans l'ambulance avant de repartir vers la capitale, que j'atteins à 15 heures. Je suis exténué, mais en condition de stress, le corps humain est capable de prodiges.

***

Le lendemain, je rencontre enfin Tamara au monastère. Elle a rejoint les Hospitaliers en 2015, dès ses

1. Association française des ambulanciers humanitaires, qui fournit des ambulances et forme des ambulanciers béthunois.

18 ans. Elle a l'allure juvénile, mais il ne faut pas se méprendre : c'est une femme qui connaît la guerre sur le bout des doigts. De caractère réservé, elle ne parle jamais pour ne rien dire.

Elle me montre notre ambulance, une vieille Fiat Ducato repeinte en noir, et me demande de vérifier si nous avons tout ce qu'il faut comme matériel médical. Le problème, c'est que je n'ai aucune idée d'où commencer. Mes seules références se limitent à mes gardes au Samu. Exercer dans un hôpital, je sais faire, mais partir en autonomie pendant plusieurs semaines sur un terrain de conflit, c'est une chose que mes études ne m'ont pas apprise.

Alors que j'examine l'intérieur du véhicule, je fais la connaissance d'un autre membre de notre équipage, « Le Dentiste », qui, comme son nom l'indique, est chirurgien-dentiste. Pourquoi pas ? Plus rien ne m'étonne. Il m'explique être le « paramédic » du *casevac*. Je comprends alors qu'il parle de notre pick-up, un Mitsubishi L200, et que sa mission consistera à aller chercher les blessés sur la ligne de front, là où notre ambulance ne pourra accéder. Seule une voiture tout-terrain, avec de larges roues et un puissant moteur peut atteindre les zones où n'existe aucune route praticable. Quant à nous, nous attendrons quelques kilomètres à l'arrière, afin de récupérer les blessés.

Chaque véhicule compte un membre armé qu'on nomme *gunner*. Son rôle est de nous couvrir et de riposter en cas de contact avec l'ennemi. Celui du Mitsubishi s'appelle « Le Biochimiste » ; la quarantaine, il a l'allure d'un gangster croisé avec un boxeur à la retraite. L'absence de toute expression sur son visage et sa voix grave en imposent, sans compter qu'il s'exprime encore moins que Tamara. Il était biologiste spécialiste en PCR[1] avant de devenir gérant d'une discothèque à Kyïv. Un parcours professionnel classique dans une Ukraine post-soviétique en pleine transition. Il me dit de ne pas toucher à la centaine de canettes de boissons énergisantes qu'il place à l'arrière du pick-up. « C'est pour échanger quand on sera là-bas », m'explique-t-il. Mais de quoi parle-t-il ?

Un peu plus tard, une cadre des Hospitaliers s'approche et me tend un formulaire. Je réponds aux premières questions formelles, indiquant ma profession, mon adresse, mon numéro de passeport, etc. En revanche, les suivantes me surprennent : « Êtes-vous déjà allé dans une zone de combat ? Quelle personne prévenir en cas de décès ou de capture ? Avez-vous des signes distinctifs sur le corps, comme des tatouages ? » La couleur est annoncée, je vais être en danger, c'est écrit noir sur blanc.

Afin que nos échanges par radio ou messagerie instantanée assurent un maximum d'anonymat, Tamara me demande de choisir un nom de guerre. Vu que je n'ai pas la moindre idée, elle décide pour moi ; on m'appellera simplement « Le Français ». Soit.

1. Réaction en chaîne par polymérase, qui permet, entre autres, de détecter le covid.

Après plusieurs heures de préparation, nous partons tous les sept. Je n'ai qu'une vague idée du nom de chacun et des rôles que nous allons tenir. D'ailleurs, personne ne m'a demandé mes diplômes. Malheureusement, un grand nombre de personnes s'auto-attribueront des compétences fictives au cours de la guerre : rien qu'en mars 2022, elles sont plus de cent à être exclues des Hospitaliers après avoir mis des gens en danger, faute de compétences. Parmi elles, quelques Français.

Trois individus roulent devant dans le pick-up, et nous sommes quatre dans l'ambulance : notre chauffeur et Tamara à l'avant, Zlat et moi à l'arrière. Jeune homme de 22 ans, blond et athlétique, ce dernier a servi pendant quatre ans au sein de la Garde nationale[1], dans la zone de Tchernobyl. Depuis, il travaillait comme serveur en Pologne mais il est revenu en Ukraine dès le lendemain de l'invasion. Un vrai patriote.

Il me raconte l'histoire de ses anciens compagnons d'armes qui ont affronté l'armée russe au premier jour de la guerre. Le récit officiel est celui d'un combat héroïque, mais la réalité est tout autre : surpris par l'envahissement, ne disposant pas d'armes antichars ni de munitions pour tenir plus de quelques heures, ils se sont rendus sans combattre, permettant à l'ennemi de faire flotter son drapeau sur la centrale de Tchernobyl dès le 25 février. Des rumeurs de trahison du commandement

1. La Garde nationale est l'équivalent de la Gendarmerie française, placée sous le commandement du ministère de l'Intérieur.

local courent aussi, ce qui sera confirmé plus tard par l'arrestation d'officiers travaillant en secret pour la Russie. En cette fin avril 2022, ces 200 soldats de la Garde nationale demeurent prisonniers dans les geôles soviétiques. Zlat enrage, il souhaite les venger, et me dit qu'il tuera un maximum de Russes en me montrant la kalachnikov qu'il tient entre ses mains.

Tard le soir, quelque part dans l'*oblast* de Dnipro, notre convoi entre dans une enceinte, phares éteints. Tamara nous demande d'être silencieux et nous interdit d'utiliser nos lampes. Je la sens sous pression. En réalité, nous sommes dans une autre base des Hospitaliers, qui sert de *hub* pour toutes leurs opérations dans le Donbass. Je prends mon sac et suis les autres de près.

L'obscurité est telle que je ne vois rien à plus d'un mètre. À l'intérieur du bâtiment, on choisit un lit dans une chambre où dorment déjà vingt personnes. En allant vers la cantine, je fais la connaissance du « médic » d'un autre équipage, qui m'avoue être vétérinaire.

Ici et là, je remarque divers trophées récupérés sur le champ de bataille, ainsi que les portraits des Hospitaliers morts au combat. Sur un mur, une large peinture représente un chevalier médiéval, bouclier en main et épée aux pieds, portant sur le dos un soldat ukrainien blessé. C'est de cela que s'inspire le bataillon : de l'ordre de Saint-Jean de Jérusalem, dit l'ordre des Hospitaliers.

Ce sont les valeurs que porte depuis sa création le bataillon des Hospitaliers : lorsque la guerre a éclaté en 2014, les premiers combattants volontaires ont été envoyés dans le Donbass. Malheureusement, ces unités sous-dotées ne disposaient d'aucune structure sanitaire, et les blessés s'accumulaient. Une jeune femme de 19 ans, Yana Zinkevych, a décidé de venir en aide aux paramilitaires en créant le premier équipage médical d'évacuation. Cette initiative personnelle a fait tache d'huile, et a émergé un bataillon sanitaire tout entier : les Hospitaliers.

Malgré le grave accident de la route qu'elle a subi en 2015, et qui l'oblige à passer le reste de sa vie en fauteuil roulant, Yana Zinkevych n'a pas renoncé à diriger le groupe : elle est notre *kombat*[1]. En parallèle, le parti du président Porochenko lui a proposé d'entrer en politique sous sa bannière, et elle a été élue députée en 2019. À l'heure actuelle, plus d'une centaine d'équipages portent assistance aux unités combattantes.

En observant le fonctionnement de la base, je prends conscience que je me suis embarqué au sein d'un groupe à la discipline militaire et, pauvre civil que je suis, cette ambiance martiale m'angoisse. Je ne me sens pas à ma place, contraint dans mes mouvements, piégé dans la guerre – bref, je suis terrorisé.

***

Après une nuit atroce due au stress et aux ronflements incessants de mes voisins de chambre, nous reprenons

1. Commandant du bataillon, contraction des deux mots en ukrainien.

la route. Nous faisons une halte à Pokrovske, où des volontaires civils nous offrent des roues de secours, puis nous prennent dans leurs bras et nous traitent comme des héros. Recevoir ces louanges ne me semble pas légitime : je suis un imposteur, je n'ai encore rien fait à part être là. J'ai le sentiment que l'uniforme vert olive que je porte est plus un déguisement qu'autre chose.

De nouveau en chemin vers le sud, Tamara me montre d'immenses terrils, signe que nous entrons dans la vaste région minière du Donbass. Ils me rappellent ceux du Pas-de-Calais. Mais le contexte est tout autre.

À mesure que nous approchons du front, et dans un souci de contrôle absolu de son équipage, Tamara nous demande d'éteindre la géolocalisation sur nos téléphones et d'enfiler casque et gilet. La tension monte encore d'un cran.

Nous arrivons en début d'après-midi à Maksymivka, à 10 kilomètres du front sud, près de Vouhledar. Je n'aperçois aucune destruction dans le village ; la zone est relativement calme et assez loin des bombardements. Malgré cela, Tamara fait peser une ambiance martiale sur le groupe et la sortie de la Fiat s'effectue dans un ordre précis : d'abord Zlat, qui doit nous couvrir, ensuite Tamara, qui est aussi armée, puis moi-même, et enfin le chauffeur, Mat. Ce rituel de sortie va nous suivre pour tout le reste de la mission, et gare à celui qui ne le respecte pas.

D'une maison en face de notre position surgit l'équipage que nous devons relever. Le contraste entre nos deux groupes est flagrant : alors que nous sommes tous sur le qui-vive, armés et casqués, eux sont en short et claquettes. Deux équipes, deux ambiances. Après nous avoir transmis les informations nécessaires, ils prennent le chemin du retour vers Kyïv et ont hâte de rentrer.

La propriété comprend une ancienne maison de 40 mètres carrés ainsi que deux minuscules dépendances, l'une faisant office de garde-manger, l'autre, de pharmacie. Comme dans la plupart des villages ukrainiens reculés, des toilettes en bois sont installées à l'arrière du jardin. Un trou creusé dans le sol fait office de cuvette, d'où émane une odeur pestilentielle de matières fécales mélangées à de la vieille urine. Les prochaines semaines vont être spartiates.

À peine suis-je entré qu'un fort relent de renfermé et de transpiration me prend au nez. L'intérieur est sombre, les vitres sont recouvertes d'épais cartons afin de dissimuler les sources de lumière durant la nuit. Tout semble vieillot, comme si le lieu était resté coincé dans les années 1990. Seules une télévision Samsung et des photos de mariage récentes permettent de deviner que la maison était encore habitée récemment. Chaque objet laissé me ramène à l'ancienne vie des propriétaires, que j'essaie alors d'imaginer. En posant mes affaires dans les lieux, j'ai le sentiment désagréable de m'introduire dans leur intimité.

Pendant que les autres déchargent les vivres du pick-up, j'examine l'intérieur de la « pharmacie » : des tas de médicaments et de matériel médical sont empilés dans le désordre. L'ancien équipage n'était pas très à cheval sur l'organisation. Tamara m'ordonne de tout ranger, ce que j'allais faire, évidemment.

Après un tri de plusieurs heures, je décide de jeter la moitié du contenu des cartons. Il y a beaucoup d'homéopathie et de tisanes « médicinales », mais peu de vrais médicaments. Les Ukrainiens adorent se soigner avec toutes sortes de charlataneries « alternatives ». Heureusement que j'ai emporté le stock nécessaire, je me vois mal prendre en charge un choc hémorragique avec une infusion à la camomille.

***

Le lendemain, nous partons pour le village voisin de Novoukrainka afin de rendre visite à une femme à l'allure bonhomme, nommée « La Harpie ». Elle est la médecin chef du bataillon auquel nous sommes rattachés ; nous devrons lui rendre compte de tout. Elle est seule, avec un jeune interne de chirurgie, pour 900 hommes. C'est trop peu pour évacuer les blessés, mais aussi pour gérer tous les problèmes de santé des soldats : fièvres et infections diverses, maux dentaires, diarrhées, maladies chroniques… Elle est débordée, je comprends pourquoi elle est si heureuse de nous voir.

Le bataillon de la 503e de marine comprend deux compagnies d'infanterie d'environ 200 hommes chacune. La Harpie aura la charge du premier, nous, du second. Il y a aussi des compagnies plus petites, comme celles des artilleries, des sapeurs… Mais elles sont loin des combats. Elles se passeront de nous.

Novoukrainka se situe à peine à cinq kilomètres du front, et le silence complet m'étonne. Je le fais remarquer à La Harpie qui s'empresse de s'exclamer : « Ne dis pas ça, malheureux ! » Et ça ne manque pas : cinq secondes plus tard, un avion de chasse sort de nulle part dans un bruit assourdissant et nous survole à basse altitude. Je fais tomber la canette de Red Bull qu'elle vient de m'offrir et on se jette tous au sol par réflexe, les mains sur la tête. Heureusement, c'est l'un des nôtres. Quelques secondes plus tard, tout le monde se relève en éclatant de rire : « Tu vois, je t'avais prévenu ! » plaisante-t-elle. La prochaine fois, je me tairai.

Les nuits se révèlent difficiles. Nous dormons à six à même le sol, dans le salon. Seule Tamara a plus d'intimité, dans le lit de la minuscule chambre parentale, qu'on renomme « chambre de la commandante ». Elle déteste qu'on l'appelle ainsi, mais le titre est surtout symbolique, les grades n'ont pas cours chez les Hospitaliers.

***

Au petit matin, j'avale une barre protéinée avec un café instantané, avant de mettre mon casque et mon gilet. Je ne sais pas où l'on va ni ce que l'on va faire ; Tamara ne communique pas, je stresse. Après dix minutes de route, nous nous retrouvons sur un terrain d'entraînement. J'aperçois une centaine de militaires qui attendent en fumant des cigarettes, alors que d'autres continuent à affluer, debout à l'arrière d'un vieux camion soviétique. C'est la première fois que je vois autant de soldats en même temps.

Cinq hommes se trouvent à l'écart du groupe : ce sont les officiers, que Tamara va rejoindre. Elle est la seule femme et je m'attends à ce qu'elle ne soit pas prise au sérieux ou, pire, qu'elle subisse des remarques inappropriées. Mais rien de tel ne se produit. Le rôle des femmes est majeur dans la guerre depuis 2014 ; ce sont elles qui ont permis de tenir l'arrière du front, mais aussi la première ligne, et pour cela, nous les respectons toutes. Selon le ministère de la Défense ukrainien, elles sont plus de 40 000 à s'être engagées dans l'armée ukrainienne, et tout autant dans les forces paramilitaires comme les Hospitaliers.

Les hommes de la compagnie se divisent alors en trois groupes : le premier va s'entraîner au tir, le deuxième part un peu plus loin dans une clairière pour pratiquer le déploiement en milieu forestier, et le dernier reste avec nous. Je comprends que notre mission sera de les former à la médecine tactique, sauf que… je n'y connais pas grand-chose ! Heureusement que Le Dentiste et Mat, le chauffeur de l'ambulance, ont acquis les connaissances adéquates par les Hospitaliers.

En bons instructeurs, ils commencent par leur expliquer le fonctionnement du garrot tourniquet. Ce dispositif permet de stopper une hémorragie massive et donc de sauver des vies. Le protocole de l'armée ukrainienne oblige chaque soldat à posséder trois garrots, mais la plupart n'en ont aucun. Les rares hommes qui en disposent ont du matériel non certifié qui ne tiendra pas dans la durée. Nous jetons alors tous ceux qui nous semblent de mauvaise qualité et les équipons avec les nôtres. C'est du gâchis, mais il n'y a pas le choix, leur vie en dépend.

La mise en pratique commence et nous sommes sans pitié : un garrot est bien posé lorsque le soldat hurle de douleur. Nous serrons jusqu'à la limite de l'arrachement de la peau. Les hommes souffrent, mais c'est pour leur bien. Ils doivent comprendre que l'entraînement d'aujourd'hui les sauvera peut-être, car un garrot mal serré est synonyme de mort. Certains sont bons élèves, d'autres au contraire prennent cela à la rigolade. Quand on est jeune, on a parfois tendance à se croire éternel…

Nous passons à la mise en situation de combat. C'est la partie que je connais le moins, alors j'observe et j'apprends. Les principes sont simples : par exemple, s'il y a un blessé, la première chose à faire est de vérifier que quelqu'un nous couvre avant de lui porter assistance, puis de l'écarter de son arme, car un accident peut vite se produire sous le choc de la blessure.

Nous développons différents scénarios avec les soldats, corrigeons leurs erreurs et leur apprenons à réagir à toutes les éventualités. Nous tirons les blessés fictifs au sol avec eux, tombons ensemble… Un lien commence à se créer. La plupart de ces hommes sont jeunes, mais certains ont l'air d'avoir la cinquantaine, voire plus. Tous sont des mobilisés volontaires.

À la fin de la journée, on prend à part les paramédics[1] de chaque escouade[2] afin de leur donner une instruction complémentaire. Ils n'ont aucune formation médicale mais devront prodiguer des soins plus avancés si nécessaire : pose de perfusion, de canule nasopharyngée, d'aide de décompression en cas de pneumothorax… Sitch, l'un des paramédics, se propose comme cobaye pour les démonstrations des différents dispositifs. Il est courageux, ce n'est pas très agréable de se faire enfoncer une canule de 10 centimètres dans le nez devant ses camarades.

La journée a été dure. Le gilet pare-balles a commencé à faire mal au dos dès la première heure, et impossible de l'enlever, Tamara y veillait : « Si un obus tombe sur nous, tu es mort ! » Elle n'a pas tort, nous ne sommes qu'à 15 kilomètres des lignes russes. Niveau météo, ce n'est guère mieux ; le froid glacial du matin a vite été remplacé par la chaleur étouffante de l'après-midi. Et en guise de nourriture, nous n'avons que du bœuf séché et des bouteilles d'eau tiède.

Lorsque les soldats repartent, les officiers décident de nous remercier en nous offrant un seau entier de

1. Bien que le nom laisse à penser qu'ils soient du personnel paramédical, il n'en est rien. Il s'agit plutôt de secouristes.

2. Unité composée de 10 à 15 hommes.

munitions 7,62 mm pour nos kalachnikovs et notre entraînement sur le terrain. C'est Noël avant l'heure ! Zlat est tout excité et s'amuse à tirer en rafales en criant : « Gloire à l'Ukraine ! » J'emprunte son arme et tire à mon tour ; c'est grisant, mais j'ai rapidement mal au pouce à force de remplir le chargeur de munitions.

Au moment de partir, je remarque que Le Biochimiste revient avec plusieurs grenades qu'il pose dans l'ambulance. Je comprends alors qu'il les a échangées contre les boissons énergisantes. Ces petits trocs n'ont rien d'étonnant, ils sont quotidiens à la guerre et permettent à chacun d'obtenir ce dont il a besoin : munitions, nourriture, essence, pièces de rechange pour véhicules, routeur Starlink, etc.

***

Les jours suivants se ressemblent. Nous passons notre temps à entraîner les hommes sur le polygone[1]. Au fur et à mesure, je gagne en aisance et tout me paraît plus naturel. Les liens avec les hommes continuent de se resserrer ; ils me laissent même tirer avec un tank T-64 et un blindé BMP-1 ! Je m'invite aussi aux séances de formation de l'utilisation du missile antichar Javelin. L'instructeur ukrainien insiste bien sur le fait qu'il ne faut pas gaspiller ces munitions sur des cibles de faible

1. Terrain d'entraînement militaire.

valeur comme les blindés légers, son coût unitaire étant de 78 000 dollars.

Un soir, nous recevons Sitch à la maison pour vérifier le contenu de son sac à dos médical. Il manque de médicaments injectables, que nous lui fournissons. Je m'aperçois surtout que son sac est trop petit et je lui promets de lui en rapporter un plus adapté la prochaine fois.

Sitch est un géant de près de deux mètres, qui a la vingtaine. Il est né et a vécu toute sa vie à Kourakhove, une petite ville de la banlieue de Donetsk. Comme la majorité des habitants du Donbass, il n'a jamais souhaité voir débarquer les Russes chez lui. Alors il s'est engagé dans l'armée. Il fait aussi l'effort de ne plus parler la « langue de l'ennemi », comme il l'appelle.

Il m'en apprend davantage sur son unité : initialement basé à Marioupol, le 503e bataillon de marine a subi l'encerclement dès mars 2022 ; lorsqu'il est devenu clair qu'aucune manœuvre de sauvetage n'était prévue par l'armée ukrainienne, la formation a reçu pour consigne de briser l'encerclement en forçant les positions russes. Évidemment, cela s'est fait au prix de lourdes pertes : seuls 20 % de ses membres ont réussi à s'en sortir. Depuis, le bataillon a été rejoint par de jeunes hommes mobilisés, sans expérience. Je comprends maintenant pourquoi nous passons nos journées à nous entraîner sur le polygone.

L'ambiance dans le groupe est plutôt bonne, on commence tous à mieux se connaître et à s'apprécier. Je réussis même un exploit personnel : faire rire Tamara avec mes blagues !

Je me rapproche du chauffeur du pick-up, qu'on appelle « Le Seigneur ». La cinquantaine, brun et barbu, il a souvent une cigarette aux lèvres. Il est toujours d'un calme olympien, ce qui est normal pour un ancien de l'unité Alpha du SBU, le service de sécurité intérieure ukrainien. Il marche sans faire de bruit, sait conduire de nuit, tableau de bord et phares éteints, a le regard froid du tueur qu'il a déjà été. Il n'a qu'un pistolet Makarov et un couteau à la ceinture, il n'a besoin de rien d'autre. C'est un vrai professionnel. Parfois, en pleine nuit, il nous réveille en hurlant : « Aidez-moi ! Aidez-moi ! Ils sont là ! » Il souffre très certainement d'un stress post-traumatique, mais je sens qu'il est encore trop tôt pour aborder le sujet.

Un jour, un habitant du village frappe au portillon et nous demande de l'aide. D'habitude, nous ne communiquons pas avec les locaux. Tamara nous a donné la consigne explicite d'éviter tout contact avec eux, nous ne savons jamais à qui nous avons affaire. Des sympathisants russes peuvent se trouver parmi eux et transmettre nos positions à l'ennemi. L'homme a eu vent de notre présence et a besoin d'un médecin en urgence, il dit que sa belle-mère se sent mal et n'arrive plus à se lever. Je pars alors avec Zlat.

Nous entrons dans une maison encore plus rustique que la nôtre. Sur un vieux lit gît une femme âgée. Après une rapide discussion avec sa fille, le diagnostic est simple. Sa mère est diabétique et n'a pas pris son traitement depuis plusieurs semaines ; elle est à deux doigts du coma hyperosmolaire[1].

Je la perfuse, lui injecte de l'insuline, et explique à sa famille qu'il faut la conduire d'urgence à l'hôpital le plus proche. Ils me rétorquent que c'est impossible : ils n'ont pas de véhicule, il n'y a plus d'essence dans le village... Ils savent que nous ne pouvons pas l'évacuer, car nous sommes contraints de rester sur place avec le bataillon.

Cette femme meurt deux heures plus tard. Elle aussi est victime de la guerre, même si elle n'entrera jamais dans le décompte officiel des civils tués par l'agression russe.

Les jours suivants demeurent calmes. J'en profite pour apprendre à démonter et nettoyer une kalachnikov. Les soldats passent me voir de temps en temps pour divers problèmes de santé, et mon ambulance se transforme en cabinet de médecine générale. Quelquefois, ils viennent partager un simple café.

Par moments, la tension monte d'un cran lorsque nous recevons des alertes radio. Le bataillon doit se tenir prêt à contre-attaquer en cas de brèche. Mais, au bout de quelques heures, l'alerte est levée et nous

1. Le coma hyperosmolaire est une forme grave de décompensation du diabète sucré, associant notamment une hyperglycémie et une profonde déshydratation.

reprenons notre quotidien monotone. Nous restons ainsi presque deux semaines à Novoukrainka.

***

Le 11 mai, l'ordre nous est donné de partir en urgence. En cinq minutes, on embarque dans les véhicules en laissant toutes nos affaires sur place. Il faut faire vite : les Russes ont apparemment opéré une percée à Novomykhailivka, un village de la banlieue ouest de Donetsk. Les combats s'annoncent féroces et nous risquons de devoir évacuer pas mal de blessés graves. Sur le chemin, nous rejoignons la colonne du bataillon. Nous laissons passer cinq T-72[1] et suivons les BMP-3[2], sur lesquels sont assis plusieurs fantassins.

On roule en terrain découvert à quelques mètres des blindés. Je n'aime pas ça. Si la colonne est repérée, l'artillerie russe ne fera qu'une bouchée de nous, d'autant que l'ambulance est dépourvue de blindage.

Une demi-heure plus tard, nous nous arrêtons dans une forêt dense aux abords du village. En sortant du véhicule, nous croisons des centaines d'hommes qui partent en première ligne, dont Sitch que je salue. Plusieurs camions de ravitaillement effectuent des allers-retours incessants, des individus se pressent de décharger les dizaines de caisses de munitions.

1. Chars lourds soviétiques.
2. Véhicule de combat d'infanterie soviétique.

J'aperçois deux 2S3 Akatsiya[1] dissimulés à 100 mètres de nous ; ce sont d'énormes pièces d'artillerie qui risquent d'être visées par les Russes à tout moment. Je fais remarquer à Tamara que nous devrions nous éloigner au plus vite de ce dispositif. Si nous sommes repérés, nous sommes morts. Il suffit qu'une seule caisse de munitions soit touchée pour que les réserves aux alentours explosent, ce qui anéantirait instantanément toute vie dans un rayon de plusieurs centaines de mètres.

Au bout d'une heure, nous décidons enfin de nous éloigner des troupes en nous enfonçant plus loin dans la forêt. Nous coupons plusieurs branches avec des hachettes et nous disposons les feuillages sur notre véhicule. Depuis le ciel, les drones ennemis auront plus de mal à nous repérer.

Aussitôt fait, nous nous éloignons de l'ambulance : il ne faut jamais rester près d'un véhicule à l'arrêt. Le pick-up se gare plus loin afin de mettre le maximum de distance entre les deux voitures et ainsi éviter qu'un seul obus mal placé les détruise d'un coup. Ces règles, c'est Tamara qui me les a apprises.

Les tirs d'artillerie sont constants autour de nous ; un toutes les cinq minutes environ. De temps en temps, nous entendons une explosion, signe que la contre-batterie russe travaille. J'essaie de dormir mais je suis réveillé à plusieurs reprises par les détonations. Ça fait rire Zlat. J'ai mal partout, le casque lourd commence à

1. Canon automoteur soviétique.

blesser mes cervicales, tout comme le gilet, mes épaules et mon dos. Pour ne rien arranger, le sol est dur comme la pierre, et des insectes viennent régulièrement se loger dans nos vêtements.

Nous attendons des heures durant. Il fait froid, et je n'ai aucune information concernant la situation sur le terrain. Dès que je pose la moindre question à Tamara, celle-ci me répond placidement : « Moins tu en sauras, moins tu parleras. » Sous-entendu : en cas de capture, tu n'auras rien à balancer aux Russes.

Au bout de dix heures d'attente, l'ordre nous est enfin donné de repartir. Le premier assaut ennemi a échoué et nous n'avons subi aucune perte, juste quelques blessés légers que nous récupérons à la lisière de la forêt. Je fais quelques points de suture, des pansements, et je donne des antalgiques. Ils pourront repartir au combat dès que cela sera nécessaire.

Nous nous installons avec les officiers à Kostiantynivka, un village qui borde la localité attaquée. Nous entrons dans une maison abandonnée et commençons par camoufler les fenêtres avec les tissus que nous trouvons sur place. Le seul lit est réservé au commandant, alors nous nous installons à même le sol. Ma veste placée dans un sac en tissu fait office de coussin. Je suis constamment réveillé à cause des communications radio que reçoit notre supérieur – au moins maintenant, je sais exactement ce qu'il se passe sur le front.

Nous demeurons sur le lieu plusieurs jours, tandis que les Russes continuent leur assaut. Environ un tiers des hommes de la compagnie sont en première ligne, les autres sont avec nous quelques kilomètres à l'arrière. Contrairement à ce l'on pourrait penser, ils ne restent qu'un ou deux jours sur le « vrai » front, que l'on appelle la « ligne zéro », ou « zéro » tout court, les conditions de vie y étant extrêmes. Sans ces rotations régulières, il est impossible pour eux d'être efficaces.

Tout autour, l'artillerie ukrainienne travaille nuit et jour – je m'y habitue tellement que je ne l'entends même plus. Chacune des tentatives d'infiltration par les Russes se conclut par un échec. Néanmoins, tant qu'ils s'obstinent à tenter de forcer nos lignes, nous restons sur place.

Vers le 14 mai, je vois un canon Caesar français qui traverse le village à une vitesse proche des 90 kilomètres/heure. Je n'aurais jamais cru qu'un camion aussi lourd puisse rouler si rapidement sur des routes aussi peu praticables. Je me sens fier de voir un peu de France ici.

***

La vie sur place est très rustique, dans la mesure où nous avons laissé toutes nos affaires à Maksymivka. Le plus pénible est sûrement l'absence de brosse à dents et le désagréable sentiment de mauvaise hygiène que cela entraîne. Au bout du troisième jour, je décide de laver mes sous-vêtements au savon. Notre seul luxe est de partager quelques pommes de terre, du lard et des légumes frais avec le commandant, « Le Hibou », et d'avoir enfin accès à Internet grâce à son routeur Starlink.

Je me plains régulièrement à Tamara de notre inactivité. La bataille se déroule à quelques kilomètres de nous, il y a sûrement des blessés dans les autres unités engagées, mais nous ne bougeons pas. Sa réponse est toujours la même : « Nous n'évacuons que les blessés de la Seconde Compagnie. Sois heureux que nous n'ayons pas de travail, ça veut dire que tout le monde est sain est sauf. » Elle n'a pas tort, mais c'est quand même frustrant.

Au bout du cinquième jour, les Russes refluent. Par chance, nous n'avons pas eu de blessés graves supplémentaires depuis le début, l'artillerie a fait le plus gros du travail. La 503e peut retourner à Maksymivka, la menace semble écartée à court terme.

Nous retrouvons notre ancienne maison et pouvons enfin nous reposer et prendre un peu soin de nous. Quelques jours plus tard, l'équipe suivante vient nous relayer. Il est temps pour moi de repartir en France.

4

Soigner sous les obus

La guerre a une odeur. Celle du diesel et de la fumée de bois, le tout enveloppé d'âcres relents de transpiration. Je ne la sentais pas avant, mais, depuis que je suis de retour en France, je la devine désormais sur toutes mes affaires.

Je prends une douche avant qu'Élodie ne rentre et j'essaie de faire une sieste. Je n'ai pas dormi depuis deux jours à cause du voyage de retour.

Je ne reste que quinze jours à Lille. J'en profite pour passer du temps avec ma compagne et travailler à l'hôpital. Je me sens bien, je récupère assez vite des dernières semaines. Le temps passe à une vitesse folle. J'ai hâte de retrouver mes nouveaux amis ukrainiens. Je vais leur rapporter quelques cadeaux : du cassoulet en boîte, pour leur faire découvrir la gastronomie française, quelques cigares cubains, mais surtout un Ford Ranger. Il a été financé par l'association nordiste Portail de l'Ukraine[1] et aidera la 503e à évacuer ses blessés. J'ai aussi acheté un sac à dos médical vert kaki pour Sitch.

1. https://uaportail.fr.

Le jour de mon nouveau départ pour l'Ukraine, je lui envoie un message mais il ne répond pas, étrange.

Les retrouvailles à Kyïv sont chaleureuses. Cette fois, tout a un air de déjà-vu. On prend les mêmes et on repart. Je me sens aussi davantage prêt à affronter la guerre. Pour ne plus être perdu sur le terrain, je télécharge par avance la carte du Donbass sur mon téléphone et achète des batteries externes supplémentaires afin de gagner en autonomie. On est souvent à court d'électricité, sur le front. Je prépare un petit sac d'urgence, dans lequel il y a des brosses à dents et des éponges présavonnées jetables, ainsi qu'un boxer et un tee-shirt roulé en boule dans une paire de chaussettes. Je ne me laisserai plus surprendre et mon hygiène ne souffrira plus des départs inopinés !

Alors que nous nous arrêtons dans une station-service, Tamara nous demande de nous réunir, elle a une annonce à faire : la veille, Sitch a été tué. Nous n'avons pas les détails, nous savons juste qu'un obus est tombé dans son trou de combat.

Tout le monde se tait. Je n'assimile pas encore la nouvelle. Je me souviens d'un adage que nous avait partagé Tamara : « Il faut se concentrer sur les vivants, nous pleurerons les morts après la victoire. » Et c'est ce que nous faisons : nous reprenons la route vers le Donbass.

Pendant notre absence, la 503e a été déployée en urgence sur le front entre Bakhmut et Avdiivka, afin de couper la progression russe sur l'autoroute H20.

Nous arrivons dans la petite ville de Ocheretyne[1], où nous attendent les camarades que nous allons relayer. Ils nous expliquent que lors du départ pour le front, trois jours plus tôt, leur colonne a été repérée et prise sous le feu de l'artillerie russe.

Ce que je craignais lors de notre dernière sortie leur est arrivé. Il n'y a pas eu de morts, mais beaucoup de blessés, dont le commandant, qui a fait plusieurs tonneaux dans son véhicule. Il a plusieurs côtes cassées, une contusion pulmonaire, un traumatisme crânien, cependant il a refusé de se soigner à l'arrière. Son attitude en dit long sur sa détermination et l'attachement qu'il a pour ses hommes.

Les collègues nous expliquent fièrement qu'ils couraient chercher les blessés à découvert alors que les obus pleuvaient. Ils en profitent pour remettre en question le courage des gars de la 503e, qui, au contraire, se sont plaqués à terre en attendant la fin du barrage d'artillerie. Pourtant, ce sont bien les Hospitaliers qui ont eu complètement tort. On ne joue pas au héros pendant que les obus tombent, on se colle au sol comme on peut et on attend que ça passe. Ces imbéciles ont eu de la chance de s'en être sortis sans égratignure.

Tamara inspecte la maison dans laquelle ils vivaient et décide de ne pas y rester. Elle l'estime trop exposée,

1. Nous travaillerons dans trois villes formant une droite : Hrodivka à 25 kilomètres du front où se situe le PMA, Ocheretyne à 6 kilomètres du front, et enfin Keramik à 3 kilomètres des lignes russes où stationne la Seconde Compagnie de la 503e.

trop près du dépôt de la gare, qui doit être rempli de stocks de munitions. Elle contacte le second du commandant, qui nous trouve une habitation abandonnée dans le village de Keramik, où stationne la compagnie, à moins de trois kilomètres des lignes russes. Paradoxalement, en voulant se mettre à l'abri, on se rapproche du danger.

Keramik est en ruine. La moitié des habitations sont éventrées et la route centrale est parsemée de trous d'obus plus ou moins profonds. La façade de notre maison est dévastée, et seules quelques fenêtres restent intactes. C'est rassurant… Évidemment, la demeure ne dispose ni d'électricité, ni de gaz. Pour l'eau, il faudra se contenter d'un puits situé 100 mètres derrière la propriété. Quant à Internet, on le capte un peu dans le champ en face, mais rester là-bas à découvert est suicidaire…

Nous garons rapidement l'ambulance sous un arbre, à distance de la bâtisse, et nous la recouvrons de feuillage afin de la dissimuler, comme d'habitude. Elle est relativement grande, environ 100 mètres carrés, ce qui nous laisse un peu plus d'espace à chacun. C'est d'ailleurs mieux de se répartir sur l'ensemble de la superficie, ce serait bête de tous se trouver au même endroit si la structure s'effondrait.

On remarque quelques breloques prorusses dans la maison, notamment un calendrier de 2022 du parti des Régions[1] ! On y trouve aussi quelques rubans de

1. Ce parti a été fondé dans le but de promouvoir la carrière politique de l'ex-président prorusse Ianoukovitch, et a cessé d'exister à

Saint-Georges, symboles du nationalisme russe et interdits en Ukraine depuis 2017. Apparemment, les propriétaires sont des fervents partisans de l'ennemi. J'espère que ces collabos ne reviendront jamais ici.

Cependant, il reste encore quelques habitants dans le village, sont-ils eux aussi des traîtres ? Dans le doute, Le Seigneur met en place quelques dispositifs de sécurité de fortune au niveau des entrées. Ce ne sont que des boîtes de conserve vides liées à un fil métallique, mais qui nous alerteront si un intrus tente de s'introduire dans les lieux.

***

La première journée se passe sans incident, nous nous installons et en profitons pour nous reposer. Vers 20 heures, alors que je suis allongé sur mon sac de couchage, le calme s'interrompt brusquement. Un puissant orage s'abat sur nous, le sol commence à trembler, et des éclairs apparaissent par la fenêtre, illuminant le ciel.

Malheureusement, il ne s'agit pas d'un caprice de la météo mais bien d'une attaque au lance-roquettes Grad. Je comprends maintenant l'ironie du nom Grad, qui signifie « grêle », en russe. Je me lève précipitamment, prends mon casque et mon gilet, puis cours me réfugier dans la cave du jardin. Je suis en claquettes, je manque de tomber à plusieurs reprises. Chacun se précipite

l'instant où celui-ci a fui vers la Russie en 2014 après la révolution de la Dignité, ou Maïdan. Le parti est officiellement dissous en 2023.

comme il peut pour atteindre le sous-sol au plus vite. Au moment de pénétrer dans la cave, je vois la poussière et les petits cailloux au sol sauter. Je sens aussi des claques qui viennent frapper mon visage, provoquées par le blast, l'effet de souffle de l'explosion.

Une fois en bas, on s'assure que personne n'a été oublié. Tout le monde est là, ouf. Même si le bombardement n'a duré qu'une minute, il m'a semblé infiniment plus long. Nous restons à l'intérieur par souci de sécurité au moins une heure – nous pourrions toujours devoir essuyer une seconde frappe corrective, plus précise. Zlat est le premier à remonter pour s'assurer qu'il n'y a pas de danger. Il donne son feu vert et nous remontons enfin. Je prends conscience de l'extrême précarité de la protection en carton-pâte que nous offre la maison. Je ne me couche pas serein.

Vers 6 heures, Tamara nous réveille en hurlant : « Obus ! Au sous-sol ! » Je n'avais pas entendu les attaques qui se rapprochaient ; elle, si. Encore dans la torpeur du sommeil, je cours de nouveau me réfugier à la cave, avec tous les autres. Nous sommes là depuis moins de douze heures, et c'est déjà le deuxième assaut que nous subissons. Physiquement et mentalement, c'est très difficile.

***

Dans la matinée, nous partons avec Tamara rendre visite au Hibou, le commandant. Lui et les autres officiers sont installés dans une maison à quelques centaines de mètres de nous. Tamara marche devant moi et me répète en boucle de rester à l'ombre afin d'éviter d'être repéré par les drones. « Je sais, je sais », lui dis-je.

Le Hibou est allongé dans son lit, en caleçon et tee-shirt, radio à la main. Le pauvre homme est mal en point. À la suite de son accident, chaque partie de son corps le torture. On me demande de « faire quelque chose » pour lui, mais je leur explique que la seule solution est qu'il aille se reposer quelques semaines à l'arrière. Je ne suis pas magicien !

La réponse de Tamara me fait rire jaune : « La médecine de guerre, ce n'est pas comme la médecine civile… Il ne peut pas partir, tu comprends ? Il n'y a personne pour le remplacer. » OK, je vais faire ce que je peux…

J'ouvre alors mon sac à dos médical, qui doit peser plus de 25 kilos et contient assez de drogues et de matériel pour me permettre de prendre en charge plusieurs blessés graves. Je l'ai rempli selon les modèles du Samu de Lille, puis j'ai ajouté des éléments suivant mes besoins sur le terrain.

Le « cocktail » que j'injecte au commandant comprend 1 gramme de paracétamol, 100 milligrammes de kétoprofène, 100 milligrammes de néfopam, 100 milligrammes de tramadol, 8 milligrammes de dexaméthasone et enfin, cerise sur le gâteau, 10 milligrammes de kétamine, soit un mélange de puissants antidouleurs ! La quantité doit être précise, car, en cas de surdosage, un effet sédatif peut alors survenir… et priver la compagnie de son chef pendant un moment. Il se sent « un peu saoul », mais il va mieux et arrive à se relever dès la fin de la perfusion.

Je poursuivrai cette « thérapie » pendant plusieurs jours, pour le soulager. Je demanderai aussi à Mat de passer le voir : en plus d'être notre chauffeur, il est surtout un très bon kinésithérapeute.

Alors que nous prenons le café offert par les officiers, des obus commencent à tomber autour de nous. À ma grande surprise, seuls quelques hommes vont se réfugier dans le sous-sol. Les autres continuent de boire sans prêter attention aux détonations… Seraient-ils inconscients ? Ou bien y a-t-il chez eux une forme d'accoutumance au danger ? Probablement un peu des deux.

Je regarde Tamara, qui, étrangement, ne bouge pas. Je pense qu'elle essaie de montrer qu'elle est leur égale en restant sur place. Je ne comprends pas cette psychologie de la témérité, personne n'a rien à prouver à qui que ce soit.

De nombreuses histoires circulent sur des soldats morts à cause d'erreurs bêtes et évitables. Non, on ne sort pas à quinze la nuit fumer, à moins de vouloir se faire repérer par les drones à infrarouge. Non, on ne se met pas torse nu sur le front, et on garde son gilet, même sous quarante degrés, car la peau humaine transpirante luit tellement qu'on devient une cible parfaite pour l'ennemi.

Sur le chemin du retour, je demande à Tamara de nous débarrasser des bouteilles d'oxygène présentes dans l'ambulance, vu qu'il s'agit d'un gaz inflammable. Le village est constamment sous le feu de l'ennemi, le risque est trop important. La décision est difficile à prendre, car cela implique de se séparer d'un outil thérapeutique majeur. Mais je n'ai pas le choix, un petit éclat dans une bouteille, et c'est toute l'ambulance qui explose. Et ce ne sont pas les deux malheureuses plaques en acier fixées avec du scotch sur les côtés du véhicule qui nous protégeront de quoi que ce soit.

La nuit suivante, nous recevons une communication par radio : « Il y a un 300e. » C'est pour nous. Un « 300e » est un blessé, dans le langage militaire ex-soviétique. Il existe au moins huit appellations différentes : un « 200e » signifie un mort, un « 500e », un déserteur… L'origine de ce jargon remonte à la guerre d'Afghanistan.

Seulement, un « 300e » ne nous dit rien de l'état de gravité du blessé, alors on a développé un code entre le pick-up, qui va le chercher sur la ligne zéro, et nous, qui recevons le blessé dans l'ambulance, à l'arrière. Ainsi, une « petite tasse de café » est un blessé léger, et un « grand café chaud », un blessé grave. Ce dispositif nous permet de mieux nous préparer en attendant.

Le Seigneur, Le Dentiste et Le Biochimiste partent avec le pick-up au point de collecte, et nous, vers l'autre point. Dix minutes plus tard, ils nous transmettent qu'il s'agit de « deux petites tasses de café ». Donc deux légers. Au bout de quelques minutes, les blessés arrivent vers nous et nous les embarquons aussitôt.

Les soldats nous racontent la scène : alors qu'ils tentaient une incursion, l'un d'eux a tiré malencontreusement sur un fil piège qui a fait exploser une grenade. Le premier n'a aucune blessure apparente mais est sonné. Le second est un paramédic que je connais, un ami de Sitch. Il a trois petits éclats à l'arrière du thorax, mais l'auscultation ne révèle rien d'anormal. Par précaution, nous les conduisons au poste médical avancé (PMA) de Hrodivka. Il faut compter quinze minutes de route, grand maximum.

Au poste, le chirurgien refuse de me répondre, car je m'exprime en russe, la langue de l'ennemi. C'est la première fois de ma vie que je suis confronté à ce genre de réaction… C'est vrai, je dois faire l'effort de parler ukrainien, mais ce n'est ni le lieu, ni le moment d'un débat sur le patriotisme linguistique. Heureusement, il se rend compte assez vite de son indélicatesse et accepte de traiter avec moi.

Les examens sont rassurants, mais le soldat sonné reste en observation pour la nuit. Les petits éclats dans le dos du paramédic sont extraits et nous pouvons repartir. Sur le chemin, j'en profite pour lui demander ce qui est arrivé à Sitch.

Le récit de sa mort est d'une banalité affligeante. Alors que Sitch se trouvait dans le trou de combat qu'il avait creusé la veille, un obus est tombé à 10 mètres de lui. L'un de ses camarades à l'arrière a assisté à la scène et lui a transmis par radio : « Tu as eu de la chance ! Dix mètres plus à droite et tu étais mort ! » Grossière erreur. Les Russes ont capté la transmission et rectifié le tir. L'obus d'après a atterri en plein sur lui.

La nuit suivante, ses camarades ont tenté de récupérer les restes de son corps, mais il n'y avait rien à faire, il était déchiqueté. Nous n'avons de lui que son sac à dos médical, projeté plusieurs dizaines de mètres à l'arrière. Ce fameux sac qu'il devait remplacer par le mien. Sale histoire.

Personne ne partage ses émotions, même ses camarades qui le connaissaient mieux que moi. Je me rassure en me disant qu'il a eu une mort rapide, sans souffrance. Et surtout, qu'il a eu une mort glorieuse en défendant son pays. C'est un héros, je suis fier d'avoir été son ami.

***

Le lendemain, nous sommes appelés en journée pour évacuer une « tasse de café chaud ». Dès l'instant où le pick-up nous rejoint, Zlat s'empresse d'ouvrir la porte arrière. Dans le coffre, je vois Le Dentiste qui tente de réanimer un blessé. Mais il n'y a rien à faire : l'éclat qui a touché sa carotide ne lui laisse aucune chance. Il baigne dans le sang frais, condamné d'avance. Nous plaçons le corps dans une housse mortuaire noire et le laissons sur place dans la forêt. Tamara prévient Le Hibou afin que ses hommes viennent chercher sa dépouille. Nous ne faisons pas de transport mortuaire, seulement de blessés.

Quelques jours plus tard, les Russes attaquent les positions de notre bataillon. Nous sommes prêts à partir sur le front à tout moment. Mais les nôtres sont farouchement ancrés dans la forêt. Sans soutien de blindés, l'offensive adverse est vouée à l'échec. Ils perdent cinquante soldats en trois jours, alors que nous n'avons pas un seul blessé.

Nous entendons à la radio tout ce qu'il se passe sur le zéro. Une nuit, l'un de nos hommes a essayé de récupérer le casque du Russe qu'il venait de tuer, mais il n'a pas réussi à l'enlever. La réponse de son camarade dénote par un certain humour noir : « Eh bien, coupe-lui la tête avec ton couteau ! Tu l'auras, comme ça, ton fichu casque ! » On a tous été pris d'un fou rire pendant plusieurs minutes.

Sur le front, nous sommes dans un monde parallèle – nos repères ne sont plus les mêmes. Est-ce juste un moment passager, ou avons-nous changé à jamais ?

Souhaitant profiter de la faiblesse présumée des Russes dans le secteur, le quartier général a transmis au Hibou l'ordre de contre-attaquer, afin de prendre plusieurs positions dans la forêt. Après concertation avec les autres officiers, sa réponse est négative : « Mais ils sont fous ? Le commandement m'a retiré deux T-72 la semaine dernière, ils pensent que je vais prendre les hauteurs fortifiées avec quel appui ? » me demande-t-il. Effectivement, le quartier général n'aura rien à redire, et la contre-attaque n'aura jamais lieu. Cet exemple montre une chose : les officiers de terrain disposent d'une large autonomie, contrairement aux Russes, soumis à une structure verticale et rigide.

J'aime beaucoup discuter avec Le Seigneur et j'en apprends davantage sur lui. Ses années dans les forces spéciales lui ont conféré une sagesse rare. Il a ici pour moi le rôle d'un père, d'un frère et d'un ami. Il a participé à la bataille de l'aéroport de Donetsk en 2015. Sa mission était d'apporter le ravitaillement par la « route de la vie » aux Cyborgs[1] ukrainiens situés dans les terminaux. C'est principalement cette période qui lui a causé les traumatismes profonds à l'origine de ses cauchemars et terreurs nocturnes.

Son fils de six ans est atteint d'une leucémie, ce qui lui donne le droit de quitter l'Ukraine pour le faire soigner. Pourtant, il est venu dans ce bourbier au lieu d'accompagner son enfant ; quand je lui demande pourquoi, il me répond simplement : « Dans quelques années, lorsqu'il ouvrira les livres d'histoire et me demandera : "Papa, où étais-tu quand nous étions en guerre ?", je ne lui dirai pas que j'étais à Paris à attendre que ça se termine. Comment peut-on fuir le pays et être capable de se regarder dans le miroir ? » Cet homme m'inspire le respect le plus total.

***

1. Nom donné aux combattants ukrainiens de l'aéroport de Donetsk, en référence à l'effort surhumain qu'ils ont accompli pour résister des mois face aux soldats russes, bien plus nombreux et mieux équipés.

La journée du 10 juin est marquée par un magnifique ciel ensoleillé et un calme étonnant. Nos artilleurs viennent de quitter les positions avoisinantes, les tirs de contrebatterie russes ont ainsi presque cessé dans le village. Ça fait du bien au moral ! Nous avons passé près de la moitié du temps terrés dans cette horrible cave, si bien que nous y avons même placé quelques réserves de nourriture et de boisson pour nous restaurer en cas d'attente prolongée.

La pièce étant très exiguë, nous sommes tous les uns sur les autres, aux côtés de deux énormes limaces qui y vivent – Le Biochimiste leur a même donné des petits noms : Vera et Tania. Pour ne rien arranger, l'humidité et le froid qui y règnent nous rendent malades à tour de rôle : on appelle ça « le rhume du sous-sol ».

Nous en profitons pour faire une sieste, laver nos vêtements à la main, et même fumer quelques cigares. C'est agréable. Vers 16 heures, j'entends un bruit inhabituel, comme si un essaim d'abeilles se trouvait juste au-dessus de nous. Je lève la tête et repère rapidement un petit drone qui survole le jardin. Merde !

Je préviens immédiatement les autres et nous nous rendons tous sans tarder à la cave. Seul Le Seigneur reste à l'entrée, afin de communiquer par radio avec le commandement. Il demande : « Un Mavic[1] vient de nous survoler, c'est le nôtre ou pas ? » Réponse : « Non. Attendez les informations… »

1. Drone civil utilisé pour la reconnaissance.

Alors on patiente… une demi-heure, rien. Une heure, toujours rien. Puis vient la réponse : « Alerte levée ! » Par souci de sécurité, on reste une heure de plus. Le drone n'appartient peut-être pas aux Russes, mais à une autre unité qui stationne non loin de nous – la communication n'est pas toujours idéale au sein de nos propres forces.

Soulagés, nous remontons enfin à la surface. J'ai froid et mes jambes sont engourdies d'avoir été si longtemps coincées dans ces minuscules quatre mètres carrés. Je retourne lire dans la maison tandis que les autres reprennent leurs activités dehors.

Quinze minutes plus tard, une déflagration s'abat sur nous. Il se passe moins d'une seconde entre le moment où j'entends le sifflement de l'obus et son explosion. Ce petit laps de temps me suffit à prendre conscience de l'attaque qui arrive, mais il est si court que le corps ne peut réagir. Cette seconde est terriblement longue, j'ai l'impression que ma vie défile devant moi tout en restant prisonnier de mon corps. On a été touchés, le sol tremble si violemment que les verres de la commode viennent de voler en éclats, et les rares fenêtres encore intactes explosent.

Je saute sur mon casque et mon gilet et cours me réfugier dans la cave. Où sont les autres ? Je ne sais pas, j'agis par instinct et ne me préoccupe pas de ce qu'il se passe autour. Lorsque j'arrive en bas, je remarque que mes mains tremblent de manière incontrôlable.

En quelques secondes, tout le monde est redescendu. Le Seigneur a le visage et la tête en sang, mais il n'a reçu que quelques petits éclats sans gravité. Plus de peur que de mal. En revanche, Le Biochimiste se plaint d'une gêne à la cuisse droite. J'enlève son pantalon et trouve une plaie de deux centimètres qui saigne abondamment. Il ne souffre pas et ne veut pas être évacué, mais il ne se rend pas compte que c'est le stress aigu qui participe à l'anesthésie de la plaie.

Nous avons eu un cas similaire, l'autre jour, durant une évacuation. Un soldat a reçu plusieurs éclats au pied. Il ne s'est aperçu qu'il était blessé que plusieurs heures après, lorsqu'il a senti sa chaussette mouillée. En fait, toute sa Rangers baignait dans son sang. L'adrénaline est un puissant antidouleur.

Je pose un pansement compressif au Biochimiste, qui suffit à mettre fin à l'hémorragie, ce qui veut dire qu'il n'y a, *a priori*, pas d'atteinte artérielle. Tant mieux.

Pendant que les autres tergiversent sur la conduite à mener, je demande à Tamara d'évacuer le blessé en urgence tant qu'il peut encore tenir debout. « OK, on y va, mais l'équipe du *casevac* et Zlat, vous restez ici », nous dit-elle. Elle a raison, ils doivent continuer d'assurer les soins aux soldats pendant notre absence.

En sortant de l'abri, je remarque que la moitié du mur en briques qui borde le jardin a été soufflée par l'explosion. Un trou d'obus de un mètre de profondeur et de deux mètres de diamètre se trouve juste derrière. Nous avons eu une chance inouïe : si le projectile était tombé un mètre plus loin, à intérieur de l'enceinte, nous serions probablement tous morts.

J'allume ma GoPro pour filmer la scène avant notre départ. S'il se passe quoi que ce soit dans les prochaines minutes, je détiendrai les preuves d'une attaque sur une équipe médicale. Le Biochimiste commence à souffrir et à claudiquer lorsqu'il essaie de marcher. On démarre à toute vitesse.

À Hrodivka, le chirurgien examine la plaie de notre collègue avec un échographe, mais aussi avec un… aimant ! S'il y a un corps étranger ferromagnétique, il sera attiré par celui-ci, ce qui doit être horriblement douloureux, et dangereux dans le cas où l'éclat croiserait sur son chemin une artère ou un nerf ! Sûrement des restes de la médecine militaire soviétique. Il cherche mais ne trouve rien ; pourtant, il n'y a pas d'orifice de sortie, l'éclat doit être quelque part.

Ce n'est que quelques jours plus tard, alors rapatrié à Kyïv, que Le Biochimiste nous enverra le cliché de sa radiographie : une bille métallique de moins de un centimètre a parcouru sa cuisse presque de part en part, se logeant sur son fémur. Il va garder ce bout de métal dans son corps toute sa vie.

Après cette attaque, Tamara décide de diviser notre équipage en deux : le *casevac* (avec Zlat pour remplacer Le Biochimiste) reste à Keramik, et nous logerons dans la maison qu'elle a précédemment refusé d'occuper. Plutôt ironique.

La première nuit n'est pas terrible : le lieu est envahi de puces – je me réveille toutes les heures pour me gratter. Au petit matin, nous retournons à Keramik, à la demande du Hibou, pour examiner plusieurs soldats malades.

Le premier n'a aucune blessure physique, mais tout son bras droit tremble frénétiquement depuis plusieurs jours, sans raison apparente. « Ça va, ça va, je vais bien », nous dit-il. Seulement lorsqu'un obus tombe à plusieurs centaines de mètres de nous, il fuit en panique au sous-sol. Nous le retrouvons en position fœtale au fond de la cave. L'ensemble de son corps est pris de tremblements. À l'image des Poilus de la Première Guerre mondiale, cet homme est atteint d'« obusite », un stress post-traumatique générant des symptômes psychiques et physiques, comme les tremblements. J'informe Le Hibou et La Harpie de la nécessité de l'évacuer : il n'a plus sa place sur le front. Ses camarades le ramènent à l'arrière dans l'heure.

Le soldat suivant a l'allure d'un véritable cosaque, avec son toupet[1] et ses longues moustaches. Cependant, il me répond en ukrainien avec un fort accent américain ! Il m'explique qu'au terme de son contrat avec l'armée américaine en 2014, il a rejoint sa femme ukrainienne à Dnipro. Je suis stupéfait de retrouver un Texan

1. Coiffure appelée *tchoub* en ukrainien : les cheveux sont entièrement rasés, excepté un long toupet en haut du crâne et qui descend sur l'oreille.

au look cosaque, ici, au milieu des ruines du Donbass, engagé dans une unité fortement éprouvée par la guerre. Il n'a pas choisi la voie de la facilité.

Il se plaint d'hémorroïdes et de constipation, comme presque tous les hommes, ici : l'association d'une mauvaise hygiène alimentaire et du stress ne fait pas bon ménage avec le transit intestinal. Je lui recommande de se nourrir d'autre chose que de boissons énergisantes et de *corned-beef*, même si je sais que les légumes et fruits frais restent une denrée rare sur le front.

***

Avant de repartir, j'en profite pour passer voir le paramédic qui a remplacé Sitch. Il n'y connaît pas grand-chose en secourisme de guerre, mais nous n'avons pas le temps de le former aujourd'hui – nous repasserons. Cependant, je remarque avec consternation que son sac à dos médical luit d'un orange fluo. Il a sûrement été offert en guise d'aide humanitaire par des pompiers ou des ambulanciers occidentaux. C'est très pratique en temps de paix afin d'être visible de loin sur le bord de la route, mais c'est suicidaire sur le front. Je le remplace par celui que j'ai acheté pour Sitch. Au moins, il servira à quelqu'un.

Lorsque nous retournons le soir dans notre nouvelle habitation, à Ocheretyne, nous constatons que celle-ci a été bombardée en notre absence. Un obus s'est abattu sur le toit, des milliers d'éclats jonchent de part et d'autre la bâtisse et le jardin. Un chien errant gît près de la dépendance, tué par l'artillerie russe. Si nous n'étions pas partis examiner les soldats malades, nous serions probablement tous morts. Une fois de plus, nous avons eu une chance insolente.

Tamara décide aussitôt de quitter les lieux et de se rendre dans la maison médicale de la ville. Un autre équipage d'Hospitaliers y vit, rattaché à la 120e brigade de Défense territoriale établie non loin de nous. Nous croisons des habitants qui marchent dans la rue comme si de rien n'était : une mère avec son enfant en poussette, un vieillard à vélo. Sont-ils conscients du danger qu'ils courent en restant ici ?

L'accueil des deux Hospitaliers est chaleureux ; ils nous invitent à manger dans leur sous-sol, qui leur sert aussi bien de cuisine que d'abri. Je me rends compte que je suis affamé, et me coupe des tranches de poitrine de porc fumée avec du pain et du fromage. Je vois des tomates dans une cagette, j'en saisis une que je dévore aussitôt. Que c'est bon ! Je n'avais pas mangé un légume frais depuis deux semaines. Cerise sur ce gâteau inespéré, ils ont des bouteilles de *kvas*, une boisson pétillante sucrée à base de pain noir. Un véritable festin.

Nos hôtes sont tous les deux grands et blonds aux yeux bleus. Le chef, qui a mon âge, se fait appeler « Le Lituanien », et le plus jeune, à peine 18 ans, se nomme Sacha. Ils opèrent sur le secteur depuis trois mois et n'ont jamais eu de relève. Ils me racontent qu'ils ont évacué plusieurs centaines de blessés et transporté des dizaines de cadavres. Cela se ressent chez Sacha qui a un contact très particulier, à la limite de la personnalité psychotique[1].

Lorsque je le croiserai quelques mois plus tard, il m'avouera souhaiter que le conflit se finisse au plus tôt pour « boire jusqu'à oublier ». Trop jeune pour être confronté à ces scènes d'horreur, son esprit est marqué au fer rouge par la guerre. Combien d'hommes indemnes physiquement développeront à terme des troubles psychiatriques ? L'invasion russe continuera à tuer bien longtemps après notre victoire, par l'alcoolisme, les violences conjugales et les suicides. Une génération entière d'hommes est sacrifiée.

Le lendemain, je décide de prendre une douche. La maison médicale ne dispose plus d'eau, mais Le Lituanien a installé un réservoir relié à une douchette en plein air, face au bâtiment. Il faut que je me lave, mais je crains de sortir. Plusieurs obus sont tombés cette nuit à quelques dizaines de mètres du bâtiment. J'angoisse à l'idée qu'un tir me touche alors que je suis vulnérable.

Les scénarios défilent dans ma tête ; dans l'un, je suis tué, dans l'autre, je suis blessé, gisant au sol, nu avec les cheveux savonnés. Il faut que j'arrête de penser. Je sors et je prends cette douche le plus vite possible, à l'affût du moindre bruit suspect. Propre, je rentre en courant

1. Les troubles psychotiques affectent le fonctionnement du cerveau en modifiant les pensées, les croyances ou les perceptions, pouvant provoquer des hallucinations ou des délires de persécution.

dans la bâtisse. À la guerre, même les choses les plus banales peuvent se transformer en épreuve mentale. Sur le long terme, ça use l'esprit.

Vers 23 heures, Le Lituanien nous réveille brusquement : « Il faut partir, nous avons eu des renseignements du quartier général, les Russes vont bombarder Ocheretyne avec des Ouragan[1] cette nuit. » Nous prenons toutes nos affaires et sautons dans l'ambulance en direction de Hrodivka. L'information était presque correcte, l'attaque s'est bien produite, mais… dans une autre ville, nommée elle aussi Ocheretyne, à plus de 60 kilomètres.

Quelques jours et évacuations plus tard, nous sommes de nouveau relayés par nos collègues et pouvons regagner notre foyer. Pour moi, c'est le retour en France. Je sens que j'en ai vraiment besoin tant cette mission a été intense et anxiogène.

1. Lance-roquettes multiple pouvant « traiter » une zone d'au moins 40 hectares en une seule frappe.

5

La face sombre de l'aide humanitaire

Il n'y aura pas de troisième rotation avec la même équipe. Tamara vient de s'engager officiellement avec la 503e, et Mat a été mobilisé dans une autre unité de marines. Zlat et Le Dentiste ont formé leur propre équipage chez les Hospitaliers, enhardis par leur nouvelle expérience.

Quant au Seigneur et moi-même, nous devons reprendre le travail. Notre engagement reste du volontariat, sans salaire. Seul Le Biochimiste a eu le droit à une « prime » d'environ 1 000 euros pour sa blessure, offerte par la *kombat* Yana Zinkevych. Une blague un peu grinçante est d'ailleurs apparue après cet événement : « Tu veux 1 000 euros ? » signifiant… « Tu veux que je te tire dans la jambe ? »

De retour en France, je retourne à l'Institut catholique de Lille, ainsi que dans des cliniques de la région où j'effectue des remplacements réguliers. Si je me trouve loin de l'Ukraine, je ne reste pas inactif pour autant et profite de ces longs mois pour continuer d'œuvrer dans l'humanitaire.

La première fois que j'ai envoyé un peu d'argent et du matériel médical dans le pays, j'étais étudiant en médecine, en 2014. Mon aide, celle d'un boursier sans grandes ressources, était modeste. Les années ont passé et j'ai arrêté de donner, sûrement par lassitude. Lorsque le conflit s'est annoncé en 2021, j'ai renoué avec le milieu associatif et l'aide humanitaire.

En décembre 2021, je me rappelle m'être renseigné auprès de Médecins sans frontières. Mais mes espoirs ont vite été douchés : pour des questions d'assurance, ils ne peuvent se rendre dans des zones de guerre active. Naïf, j'ai découvert alors que le champ d'action des humanitaires dépendait d'abord du bon vouloir des assureurs.

J'ai ensuite contacté la Croix-Rouge française, originellement dédiée à l'aide aux blessés de guerre. Se rendre dans une zone de conflit fait partie de leur ADN. C'était décidé, j'allais rejoindre leurs « équipes de réponse aux urgences » ! Je leur ai envoyé un *curriculum vitæ* et une lettre de motivation.

À mon plus grand désarroi, je n'ai pas reçu la réponse escomptée : ces équipes n'interviennent que dans « des contextes liés aux catastrophes et non dans des contextes liés à des conflits ». Si la Croix-Rouge française n'agit pas dans une zone où les civils sont les premières victimes, alors à quoi sert-elle ?

La dernière partie de la réponse m'a exaspéré davantage : « Le processus de recrutement [...] peut donc prendre un certain temps, plusieurs mois avant que nous vous recontactions. » Des mois pour avoir une réponse ?

Mais si les civils ukrainiens sont victimes dès demain, que fait-on ? Autrement dit, cette ONG au prestige international et disposant de nombreux réseaux étatiques est restée, dans les mois qui ont précédé février 2022, sans réaction devant les signes de l'imminence de la guerre. La Croix-Rouge française n'a pas su anticiper la marche à suivre en cas d'invasion de l'Ukraine.

Les mois qui ont suivi le déclenchement du conflit ont montré l'inefficience totale de cet organisme à apporter en Ukraine l'aide là où il le fallait. Quant au Comité international de la Croix-Rouge (CICR), les Ukrainiens lui reprochent une forme de complaisance à l'égard des autorités russes[1,2,3]. La Croix-Rouge du pays est la seule à tirer son épingle du jeu, peu aidée par ses organismes frères. En attendant, je n'ai apporté ma réponse à la Croix-Rouge française que le 24 février, par un simple : « Bonjour, dommage… Pour ma part, je suis déjà en Ukraine. En vous remerciant, Arsène Sabanieev. »

***

1. Jean-Marc Four, « Le Comité international de la Croix-Rouge critiqué pour sa volonté de neutralité en Ukraine », Francetvinfo.fr, 30 février 2022.
2. « Guerre en Ukraine : Kiev dénonce "l'inaction" de la Croix-Rouge pour les prisonniers aux mains des Russes », Francetvinfo.fr, 18 octobre 2022.
3. « Un élu ukrainien à propos du CICR : "Les observateurs neutres de crimes deviennent leurs complices" », *Le Temps*, 28 novembre 2022.

L'aide humanitaire ne comprend pas que les médicaments et la nourriture, elle comporte aussi du matériel militaire. D'abord pour la protection, mais pas n'importe laquelle. Certaines associations donnent des fournitures de police, non adaptées à la guerre, comme Gilet Ukraine qui offre une « protection balistique NIJ 3A destinée aux civils ». J'entends parfois dire que « c'est mieux que rien », mais je ne suis pas d'accord. Les gilets fournis par l'association arrêtent une munition de 1 300 joules[1] maximum, correspondant au tir d'un pistolet. Or, en Ukraine, les soldats russes sont surtout armés de kalachnikov… qui sont d'un tout autre calibre. C'est pour cette raison qu'il faut absolument une plaque « militaire » de niveau 4, qui peut absorber jusqu'à 4 000 joules, soit trois fois plus !

Les gilets 3A fournis par cette association sont donc inefficaces dans l'immense majorité des cas en Ukraine. Mais le plus dangereux, c'est qu'ils peuvent donner un faux sentiment de sécurité à leurs porteurs, et ainsi les pousser à se mettre en danger inutilement. Malgré tous les bons sentiments des membres de cette association, leur initiative n'a qu'une très faible utilité sur le terrain. Si bien que je me demande encore pourquoi ils n'ont pas cherché à fournir des plaques adaptées à la situation.

***

1. Le joule est l'unité de mesure de la puissance et de l'énergie.

Je découvre aussi que le monde de l'humanitaire est un univers plutôt hétéroclite, où l'on croise parfois de drôles de personnages.

Loïc, bien plus assidu que moi sur les réseaux sociaux, m'alerte début avril 2022, pendant notre second voyage, au sujet d'un profil plutôt atypique sur Facebook. Un Français, que nous appellerons Tristan M.[1] et qui vit à Kyïv, commence à être connu sur Internet et dans les médias français. Il est déjà passé plusieurs fois sur BFM TV, RMC, TV5 Monde, mais aussi sur Konbini, NRJ… Ses interventions médiatiques se terminent toujours par un appel aux dons plus ou moins masqué, ou au moins à aller suivre son profil Facebook, qui renverra vers des liens pour effectuer des dons. Tristan ferait de l'humanitaire avec sa femme ukrainienne. *A priori*, c'est tout à son honneur.

Loïc me montre les différentes publications sur Facebook de ce bienfaiteur de l'Ukraine. La plupart me paraissent aussitôt incohérentes. Le 9 avril 2022, Tristan affirme être allé à Irpin afin d'apporter de l'aide humanitaire, alors que, selon lui, les snipers russes étaient toujours dans la ville. Problème : l'ennemi a été chassé des lieux une semaine plus tôt, dès le 2 avril[2].

Dans une deuxième publication datée du même jour, cet homme raconte avoir pu enfin se laver les cheveux

1. Le prénom et le nom ont été modifiés afin de respecter la présomption d'innocence de Tristan M.

2. « Guerre en Ukraine : dans les rues d'Irpin, après les bombes russes, l'apocalypse et la désolation », *Libération*, 2 avril 2022.

car, dit-il, il n'y avait plus d'eau chaude à Kyïv depuis quarante-cinq jours. Mais il n'y a jamais eu de coupure d'eau chaude à Kyïv, en février et mars 2022.

Une autre fois, il évoque l'achat de matériel paramédical dont la valeur ne dépasse pas 10 euros en Ukraine… mais qu'il affirme s'être procuré pour plus de 100 euros. Cette incohérence supplémentaire me rend plus que sceptique concernant les intentions de Tristan. Je décide alors de me manifester en lui faisant part de mon questionnement. La « réponse » arrive dans l'heure : sans aucune sommation, il me bloque et supprime tous mes commentaires.

Loïc décide de rester infiltré parmi ses *followers* et entre en contact avec des personnes qui accusent Tristan de les avoir escroquées et qui surveillent désormais son compte Facebook de près. L'une d'elles s'appelle Christophe Perrenot, il a la quarantaine et possède son salon de tatouage au sud de Lyon. Afin de recruter ses donateurs, Tristan n'hésite pas à donner dans le pathos. Il veut faire pleurer dans les chaumières, et ça marche. Christophe a ainsi été touché par certains propos ou images de Tristan, comme celle où il se montre avec des enfants, *a priori* orphelins de guerre, alors il lui a donné quelques centaines d'euros.

Lorsqu'il a demandé un justificatif pour la comptabilité de son entreprise, Tristan a refusé, puis l'a clairement menacé dans un message audio : « Les trop curieux devraient s'abstenir. Fouiller chez les autres, ce n'est pas bien. Nous aussi, on peut se déplacer. » Je découvre peu à peu que Christophe n'est que l'arbre qui cache la forêt : de nombreuses personnes se sentent flouées par Tristan. Elles se réunissent alors en un petit collectif qui constitue un dossier en vue de porter plainte.

Pour ma part, je contacte les médias : il faut qu'ils s'intéressent à son cas. Un ami reporter me donne les coordonnées de Marie Dupin, journaliste d'investigation pour BFM-RMC[1]. C'est elle qui est à l'origine des révélations début 2022 sur le scandale sanitaire des pizzas Buitoni infectées à la bactérie *Escherichia coli*. Lors d'un entretien téléphonique, Marie s'assure avant tout que je ne suis pas un « concurrent » de Tristan qui tente de lui nuire. Ses questions m'agacent, mais elle ne fait que son travail. Il n'y a aucun doute pour elle, quelque chose de pas clair se trame, mais elle me prévient tout de suite que « prouver une escroquerie est très difficile[2] ».

Après ouverture de l'enquête pour escroquerie en France, à la suite de la plainte de Christophe, Tristan est invité à s'expliquer sur RMC. Malheureusement, ce n'est pas Marie qui le confronte à ses contradictions en direct, mais son jeune collègue Benoît, qui ne parvient pas à trouver la faille dans le narratif de l'individu. Ce dernier se montre arrogant tout le long de l'interview, et la conclut par un très révélateur : « Les gens qui ont des doutes, je n'en ai rien à faire. »

1. Elle travaille aujourd'hui à France Info.
2. Entretiens téléphoniques avec l'auteur entre le 10 avril 2022 et fin octobre 2023.

C'en est trop pour moi. Je déteste l'injustice. Je contacte Oleg, un ami du SBU[1] de Kyïv, qui s'empresse de commencer l'enquête. Les Ukrainiens détestent les individus suspectés de s'enrichir en détournant l'aide humanitaire. Le 1er juin 2022, je suis convoqué au poste de police, dans le quartier de Podolia, en tant que témoin dans l'investigation en Ukraine ; Oleg est présent aussi. Il a 25 ans et porte fièrement un Glock[2] flambant neuf à la ceinture, signe d'appartenance aux services secrets.

Il livre les résultats de sa filature qui a duré trois semaines. Selon lui, Tristan a rénové sa maison à Kyïv au cours du dernier mois, et s'est acheté un pick-up pour un montant de 15 000 euros. Il ne s'en cache même pas, tout est à son propre nom. Le plus étonnant est que sa femme… n'est pas sa femme, mais une amie proche qui fait l'intermédiaire entre les autorités ukrainiennes et lui. Ayant obtenu un poste haut placé dans une grande banque du pays, elle aurait les contacts nécessaires afin d'éviter « les problèmes ».

Il nous explique ensuite le schéma de la prétendue arnaque : « Ils vont trouver des familles ukrainiennes dans le besoin et les paient entre 5 et 10 euros pour faire une photo avec leurs enfants qui portent une petite feuille où est écrit en français : "Merci Tristan et Ivana" ! » Quant à son compte Facebook, il serait tenu par un ami brésilien qui ne vit pas en Ukraine, d'où les

1. Les services secrets ukrainiens.
2. Pistolet semi-automatique de fabrication autrichienne.

incohérences assez grotesques dans ses publications, ainsi que les erreurs de syntaxe. Les policiers n'en reviennent pas. L'enquête est ouverte sur-le-champ et confiée à un procureur ukrainien.

Quelques jours plus tard, Oleg m'apprend l'arrestation de Tristan. Nous jubilons, enfin la victoire de la justice ! À l'intérieur de sa maison, les policiers découvrent un équipement hi-fi flambant neuf, mais aussi un véhicule rempli de cartouches de cigarettes. Oleg me dit qu'on dirait de la contrebande, un classique en Ukraine, où les cigarettes coûtent trois fois moins cher qu'en France. Son passeport et son téléphone sont confisqués et il est incarcéré.

Quelques jours plus tard, Oleg m'annonce que Tristan a été libéré. Il m'explique à demi-mot, sans jamais citer de nom, que « les personnes chargées de son dossier auraient découvert un pactole de 500 000 euros sur ses comptes… et tu comprends, il a dû y avoir une sorte d'arrangement cinquante-cinquante pour qu'ils le laissent sortir et ferme l'enquête[1] ». Oleg est dépité, et moi aussi. Encore une preuve, hélas, de l'omniprésence de la corruption dans le système judiciaire ukrainien.

L'enquête en France contre Tristan est en cours, il est donc présumé innocent. Comble du cynisme, il a ouvert une fondation d'« aide humanitaire » dès sa libération, après avoir tenté de créer un orphelinat en Ukraine. Heureusement, ce dernier projet n'a jamais vu le jour.

1. Entretien avec l'auteur courant juin 2022.

Malgré nos multiples mises en garde sur son profil sulfureux, plusieurs associations françaises continuent de collaborer avec lui. Où trouvent-elles leur intérêt ? Je l'ignore…

***

Au cours de mes missions, j'ai également rencontré des humanitaires plus ou moins autoproclamés aux profils plutôt énigmatiques. Parmi eux, Martine B.[1] se présente comme la présidente d'une association, ou ONG, ou réseau d'entreprise. Cela fait beaucoup de « ou », tant cet organisme mystérieux multiplie les appellations.

Après une brève intervention de ma part par Skype sur LCI, juste avant mon départ pour Bakhmut en octobre 2022, Martine me contacte. Elle dit chercher des médecins français comme moi, qui travailleraient pour son association. Je lui réponds que j'exerce déjà avec la structure des Hospitaliers, et que je ne fais pas dans l'humanitaire civil. Mais elle ne lâche rien, elle souhaite à tout prix que je rejoigne ses équipes. Au cours de la conversation, elle m'explique à plusieurs reprises avoir du « réseau », « beaucoup de réseau », mots qu'elle emploie à la moindre occasion. Elle me dit « avoir des contacts avec le renseignement », ce qui me

1. Le prénom et le nom ont été modifiés pour respecter la présomption d'innocence de Martine B.

met tout de suite la puce à l'oreille : quand on travaille avec le renseignement, on ne le dit pas.

Pour me convaincre de la représenter, elle me propose des billets de train en première classe pour mes prochains voyages en Ukraine. Pense-t-elle m'acheter avec un peu de confort ? À la fin de notre échange, elle me demande si elle peut utiliser l'une de mes photos sur les réseaux sociaux. Je n'ai pas trop le temps de réfléchir, alors j'accepte – mon profil est public, après tout.

À mon retour de Bakhmut, je constate qu'elle a utilisé plusieurs clichés de mes évacuations sur son profil LinkedIn. Ses publications sont ambiguës, car elles peuvent laisser penser que je travaille pour son association, ce qui est faux. Je trouve le procédé pour le moins discutable sur le plan éthique, mais je laisse faire, afin de pouvoir creuser encore un peu…

Lorsque je me plonge dans les nombreuses pages du site de l'association, je suis ébahi de découvrir le large réseau qu'a constitué Martine. Plusieurs sociétés du CAC 40 sont donatrices. Au total, ce sont plus de cent partenaires que le site expose fièrement. Elle présente aussi ses « ambassadeurs » parmi lesquels un chanteur à succès et un journaliste sportif célèbre.

Enfin, on y trouve les nombreux passages télévisés de Martine, ainsi que les articles de presse relatifs à son travail. Bref, tout cela fait plus penser à un long *curriculum vitæ* et à un outil d'autopromotion qu'à un site associatif et humanitaire.

De façon étrange, l'organigramme de la structure est introuvable. Je ne vois pas de vice-président, pas de trésorier, pas de secrétaire. Cela m'interpelle un peu plus… L'un de ses partenaires m'intéresse particulièrement : l'ambassade de France en Ukraine, dont le logo est affiché sur le site[1]. Je suis en contact avec cette institution, ce qui est normal lorsqu'on se rend comme moi en mission médicale sur le territoire en temps de guerre. Si un problème devait m'arriver, elle pourrait m'aider.

Lorsque je rencontre l'un des attachés de l'ambassade, je le questionne et, quelques jours plus tard, il m'affirme que personne ne connaît ni Martine B. ni son association et donc n'a jamais travaillé avec elle…

Quelques mois plus tard, Xavier Tytelman[2], qui travaille aussi dans l'humanitaire et que j'aurai l'occasion de rencontrer, enfonce le clou en m'apprenant que l'ambassade de France l'a « engueulé de l'avoir mise dans la boucle sur une de [leurs] dernières opérations [humanitaires][3] ».

Désormais, je saisis bien le personnage. Martine ne veut s'associer qu'à des personnalités qui peuvent lui faire de la publicité dans les médias. À chaque fois qu'elle apprend que je suis invité sur un plateau télévisé, elle me demande de parler de son organisme. Je lui réponds franchement : « Martine, je ne sais pas ce que fait ton association, je ne peux pas faire ta promotion ! »

1. Le logo de l'ambassade sera retiré début 2023.
2. Ancien pilote d'avion, écrivain et youtubeur.
3. Échange sur WhatsApp le 5 août 2023.

Étrange procédé. Quant aux humanitaires inexistants dans les médias français, ils ne l'intéressent pas. J'ai reçu plusieurs témoignages allant dans ce sens.

Autre fait curieux, Martine B. n'est présente sur aucun réseau social, excepté LinkedIn, ce qui est le comble en 2022 pour une association à but non lucratif, alors que l'essentiel de la communication moderne passe par Facebook ou Instagram. Un compte Twitter[1] a bien existé, mais il a été supprimé. Martine ne m'a jamais donné la moindre explication sur son étrange absence des réseaux sociaux les plus efficaces.

Nous continuons d'échanger longuement pendant plusieurs mois. J'ai du mal à comprendre le réel champ d'action de sa structure et je tiens à avoir le fin mot de cette histoire. Elle parle tantôt de former des infirmiers ukrainiens, voire des médecins, puis de faire de la chirurgie, de l'évacuation de blessés par ambulance, et enfin d'envoyer du matériel médical. Ma petite expérience dans l'humanitaire montre qu'en voulant tout faire, on ne fait rien efficacement, surtout pour une association qui est très jeune, puisqu'elle est née en mars 2022, quelques jours après le début de l'« opération spéciale » de Poutine…

Lorsque je questionne Martine sur les détails précis de la « formation » des infirmiers ukrainiens, je n'obtiens aucune réponse satisfaisante. Elle est incapable de me dire quel est l'intitulé de la formation, sa durée, les formateurs

1. X désormais.

auxquels elle fait appel, le niveau de base des infirmiers, ni dans quel service ils travaillent ensuite. Je cherche des précisions, mais tout a l'air flou. Encore et encore.

En parallèle, elle ne cesse d'essayer de se renseigner auprès de moi sur le fonctionnement de la médecine en Ukraine. Plutôt étrange pour une personne qui aurait formé des centaines de professionnels de santé dans ce pays et équipé plusieurs hôpitaux, avec des tonnes de matériel médical.

Mais venons-en au plus important : quelle est sa motivation réelle ? Je lui ai franchement posé plusieurs fois la question. Elle n'est pas ukrainienne, elle n'a pas de famille sur place, elle n'est pas mariée à un Ukrainien, elle ne travaille pas dans le milieu médical. Je n'ai jamais obtenu de réponse. Martine est passée maîtresse dans l'art de noyer le poisson.

Que retenir de tout cela ? Nous avons ici une association créée *ex nihilo* dès l'invasion à grande échelle, et qui a sûrement cherché à profiter de l'émotion qu'a suscitée l'agression russe dans la population française. Les preuves concrètes de ses actions sur le terrain sont fragiles, elle n'en parle d'ailleurs que très rarement en dépit de ses multiples passages dans les médias. Ajouté à son absence sur les réseaux sociaux traditionnels, tout semble montrer que son organisme est, en fait, une coquille vide.

Je vais être franc, je ne crois pas une seule seconde à une escroquerie ni à des détournements de fonds. En revanche, on peut penser que l'attaché de l'ambassade l'a bien cernée : grâce à l'argent de ses donateurs, Martine B. est d'abord au service de Martine B.

***

Lors de mes missions en Ukraine, j'ai souvent pensé à l'île aux Pirates, cette formidable confrérie de flibustiers des Caraïbes, où l'anarchie était élevée au rang d'utopie libertaire. Seulement, je n'imaginais plus les boucaniers sur l'île de la Tortuga, dans les Antilles, mais sur deux autres îlots : Medyka et Lviv.

Dès le début de l'invasion, les deux villes ont attiré des escrocs en tout genre et sont devenues les plaques tournantes du trafic d'aide d'humanitaire, au moins jusqu'à l'été 2022. Des milliers de bons Samaritains ont débarqué en quelques jours dans la paisible ville polonaise de Medyka, à la frontière ukrainienne. Mais, parmi eux, quelques individus ont cherché à s'enrichir sur le dos des réfugiés.

Je peux citer Tony Peillon, l'escroc qui se faisait passer pour un légionnaire et vendait des tenues militaires et des armes aux Français souhaitant partir combattre en Ukraine. Il avait en réalité usurpé le logo d'une société française, dont le dirigeant, alerté sur les réseaux sociaux, l'a confondu. Interpellé à son retour en France, il a été condamné en mars 2022 à huit mois de prison pour cela, et pour avoir escroqué 6 000 euros à une association belge d'aide aux réfugiés ukrainiens.

Je peux également parler des réseaux de proxénétisme, infiltrés le long de la frontière, cherchant à exploiter la misère des exilés. Il existe des cas plus anecdotiques, comme celui de Mickaël P.[1]. Ce chef d'entreprise avait ouvert un stand de produits de première nécessité et était omniprésent dans les médias lorsqu'il s'agissait de parler de son activité à Medyka, une petite ville polonaise proche de la frontière ukrainienne qui a un temps été présentée comme la « capitale mondiale de la solidarité » et a attiré des bénévoles venus du monde entier. Les multiples témoignages que j'ai pu recueillir montrent une autre facette du personnage : la plupart du temps, son stand restait fermé, il ne l'ouvrait que lorsque des journalistes français arrivaient sur place. Contrairement à ses affirmations, il ne passait pas les nuits dehors dans le froid, mais dans de confortables hôtels. Je n'ose pas imaginer les sommes qu'il a dû récolter. La liste des personnalités peu fréquentables qui ont sévi à Medyka est longue, trop longue…

Et Lviv est encore d'un tout autre niveau. En mars 2022, rares étaient les Français à traverser la frontière. Pour beaucoup, mettre un pied en Ukraine était synonyme de danger imminent, voire de mort. Ceux qui s'y rendaient étaient aussitôt vus comme des « héros courageux », bien que n'ayant rien accompli d'extraordinaire. C'était la psychologie de l'époque, et cela avait un certain sens : alors que les Ukrainiens fuyaient leur

1. Le prénom et le nom ont été modifiés pour protéger la présomption d'innocence de Mickaël P.

pays par millions, que les ambassades évacuaient leurs ressortissants les uns après les autres, certains « fous » prenaient le chemin inverse.

Stéphane D.[1] est l'un d'eux. Ce Lillois de 22 ans, pratiquant l'airsoft, sans expérience militaire, décide de s'engager en Ukraine. Il prétend être à Lviv dès mars 2022, alors qu'il n'a pas de passeport. Soit… D'Ukraine, il dirige un groupe Facebook de près de 10 000 membres. Cette illusion de pouvoir l'enivre. Il tente d'organiser des départs, mais cela ne débouche sur rien de concret. Il prétend travailler pour la Légion internationale, ainsi que pour le SBU, en tant que recruteur ! Fin mars, il m'annonce avoir été « exfiltré » d'Ukraine, après qu'il aurait reçu des menaces de mort de la part de Russes. Il a sûrement compris qu'il était temps d'arrêter avant que son histoire ne vire au vinaigre.

Les profils d'hommes perdus, en quête de sens et un brin affabulateurs, ont été légion au début de la guerre à grande échelle. Même si je peux comprendre l'émotion que cette agression a suscitée chez eux, j'ai rencontré des dizaines de personnages tous plus folkloriques les uns que les autres. Il me faudrait un livre entier pour décrire chacun d'eux.

En juin 2022, à Lviv, le bruit court que des tonnes d'aide humanitaire disparaissent. J'y suis confronté personnellement : alors que quarante lits médicalisés offerts

1. Le prénom et le nom ont été modifiés pour protéger la présomption d'innocence de Stéphane D.

par les hôpitaux du Nord doivent transiter par le dépôt de Drohobytch[1] avant d'être donnés aux hôpitaux militaires de Kyïv, je perds la trace de ceux-ci quelques jours après leur arrivée. Ils se sont envolés, tout simplement. En même temps, une île aux pirates sans Triangle des Bermudes n'aurait pas la même saveur… L'aide afflue en de telles quantités que certains se servent sur place : nourriture, vêtements, lits d'hôpitaux, médicaments, matériel hi-fi, groupes électrogènes, casques et gilets pare-balles, tenues militaires, tout y passe. Après tout, qui vérifiera les inventaires des stocks ? Ils n'existent pas. Lviv a vécu dans le chaos le plus complet.

Des mèmes[2] sont apparus rapidement sur la « Défense territoriale de Bukovel[3] », une unité fictive décrite comme disposant du meilleur équipement occidental, de lunettes thermiques à plusieurs dizaines de milliers d'euros et de drones de combat, mais qui resterait bien loin de ces combats, ne gardant que les *blockposts* dans l'Ouest ukrainien.

Quelle a été l'ampleur du pillage, lors des passages à la frontière ou dans les dépôts de l'Ouest ? Je n'ai aucun chiffre, mais s'ils sortent un jour, ils seront énormes…

***

1. Petite ville située à une demi-heure au sud de Lviv.
2. Concept (texte, image, vidéo) massivement repris, décliné et détourné sur Internet de manière souvent parodique, qui se répand très vite, créant ainsi le buzz.
3. Ville dans les Carpates ukrainiennes où se situe la plus grande station de ski du pays.

Lors de mon retour en France en février 2022, je commence tout naturellement à collecter ce que je connais le mieux : des médicaments. Je ne retournerai pas les mains vides en Ukraine. Des collègues, des infirmiers libéraux, des pharmaciens me donnent des dizaines de cartons. On me les propose spontanément, alors je prends tout, je me dis que tout pourra servir. Mais beaucoup sont périmés ou peu utiles. Le tri est chronophage, il me faut près d'une heure pour chaque carton, et au moins trente m'attendent dans le garage. Et plus d'une dizaine de personnes souhaitent m'en livrer davantage.

Faire don de médicaments est charitable, mais on ne se rend pas compte du temps et de l'énergie que cela demande. L'Ukraine a-t-elle vraiment besoin d'une boîte de paracétamol périmée et à moitié vide ? Les gens ne regardent pas vraiment ce qu'ils donnent. Ils donnent, c'est tout. Près de Lille, des entrepôts entiers sont prêtés ou loués pour recevoir tout le matériel offert, et cela a un coût. Les quantités à traiter sont industrielles. Le travail est titanesque, je n'arrive pas à sortir la tête de l'eau, alors j'arrête tout. Je me concentre sur l'équipement à forte valeur ajoutée.

Il y a d'abord le matériel d'anesthésie, que l'Institut catholique me fournit en grande quantité. Mais là non plus, ce n'est pas simple. Par exemple, comme j'apporte un vieux respirateur d'anesthésie à l'hôpital de Broussyliv[1], je constate qu'il est incompatible avec le

1. Ville située entre Kyïv et Jytomyr, qui a été en première ligne lors de la contre-offensive à l'ouest de Kyïv.

réseau d'oxygène local. Il faudra l'intervention d'un soudeur pour adapter le système. De même, l'établissement ne possède pas les consommables nécessaires au fonctionnement de l'appareil. Mais le plus étonnant reste que les anesthésistes ukrainiens sont incapables d'interpréter la courbe d'un capnographe[1], l'élément central des procédures d'anesthésie modernes. Ce qui devait me prendre une heure a finalement demandé une journée entière.

Je me concentre aussi sur les véhicules. D'abord quelques ambulances, puis des pick-up pour évacuer les blessés. J'ai été témoin de la destruction de voitures civiles par des tirs russes, alors ma première idée est de financer des ambulances blindées. Ajouter du blindage sur un véhicule civil, à la façon *Mad Max*, est une mauvaise idée. Le moteur, les roues et le châssis ne peuvent pas supporter plusieurs tonnes de métal supplémentaires. Il faut acheter des véhicules déjà équipés.

Je demande un devis à une société turque qui vend des Toyota Land Cruiser blindées. Sans les options, la voiture coûte 87 000 dollars, si on en prend dix, le prix descend à 70 000. Mais je n'ai pas cette somme sur mon compte ! Alors, au détriment de la sécurité, on se rabat sur des automobiles d'occasion non blindées, à 5 000 euros pièce.

Comme des milliers d'Ukrainiens vivant dans l'Union européenne, je fais le tour des garages afin de trouver le

1. Mesure graphique de la concentration en dioxyde de carbone au moment du cycle respiratoire.

nécessaire. Si on ajoute à cela le coût de la révision, le changement des pièces usées, l'achat de roues de secours, et l'essence pour le transport jusqu'en Ukraine, on en a en tout pour 10 000 euros l'unité. Environ un tiers est financé par l'association Portail de l'Ukraine, l'autre tiers, par des donations, et le reste, avec mes propres deniers.

De plus, les véhicules sont des consommables, leur durée moyenne d'utilisation ne dépasse pas six mois, car ils sont soit détruits, soit en panne à jamais. Pour les drones, c'est encore pire : leur durée de vie est de six minutes, dix au maximum, si le pilote de drone est expérimenté et chanceux. La guerre est un marathon, il faut tenir dans le temps et remplacer constamment le matériel perdu.

Je m'associe alors avec Moshé, qui continue de fournir l'armée ukrainienne *via* la communauté de Fusa[1] créée en 2015 : casques balistiques, gilets pare-balles (de classe 4 !), lunettes et viseurs thermiques, équipements d'hiver, générateurs, tout y passe – sauf le matériel létal, il va de soi. L'organisme existe depuis 2015, et Moshé a équipé de la tête aux pieds l'équivalent d'un bataillon, soit 1 000 hommes. Les preuves des donations sur le terrain sont toujours agrémentées de photos des soldats. La transparence est totale. Moshé a une belle logistique déjà en place : tant que l'argent rentre, il continue d'équiper nos héros. Il ne fait pas cela pour la gloire et persiste à demeurer un homme de l'ombre. Il ne le fait pas non plus pour l'argent, son patrimoine

1. French and Ukrainians Supporting Army.

en rendrait jaloux plus d'un. Il le fait par idéalisme. Lui aussi souffre de stress post-traumatique, son engagement dans l'armée ukrainienne en 2014-2015 a laissé des traces. Il est en guerre depuis dix ans, il connaît la cruauté de nos ennemis mieux que n'importe qui.

***

Ce conflit m'aura beaucoup appris sur la jungle de l'aide humanitaire. Certes, il y a les « mauvais », qui cherchent à détourner les dons et à promouvoir leur propre personne, mais il y a aussi – et surtout – les « bons ». Heureusement, les plus nombreux.

Le critère principal de la qualité d'une bonne association est la durée de son existence. Plus jamais je ne travaillerai avec un organisme créé après février 2022 : la plupart, comme nous l'avons vu, regorgent d'individus aux motivations discutables et l'argent de leurs donateurs arrive rarement à bon port…

Je souhaite distinguer ici l'Aide médicale et caritative France-Ukraine (AMC), qui a fourni des centaines d'ambulances, et que j'ai pu voir en action de mes propres yeux dans le Donbass. Portail de l'Ukraine à Lille, Agir Ensemble pour l'Ukraine, Ukraine Libre Toulouse, l'Association France-Ukraine à Paris, ou encore Kalyna en Champagne. Tous ces organismes existent depuis plus de dix ans, sont fiables, et soutiennent réellement l'Ukraine, sans calcul ni arrière-pensée. Et je les remercie pour cela.

6

Dans l'enfer de Bakhmut

On s'habitue au front, à ses règles, à ce monde guerrier dans lequel, curieusement, on finit par se sentir à l'aise.

À peine suis-je rentré de rotation au début de l'été 2022 que l'envie de repartir me reprend. Les déflagrations et les nuits passées dans mon sac de couchage rugueux rythmaient ma vie ; je dois maintenant me réhabituer au silence et à mon lit douillet. Parmi ceux qui sont allés au front, beaucoup développent une addiction à la guerre. Ces quatre mois d'attente en France me paraissent une éternité. J'ai besoin de ma dose, et vite.

En attendant, je continue mon travail et j'envoie de l'aide humanitaire. L'achat de notre maison n'a pas abouti. Élodie a eu du flair en repérant un vice caché : la bâtisse a été inondée à de multiples reprises et l'humidité y est si élevée que cela peut être dangereux pour un bébé. Oui, Élodie est enceinte ! C'est un grand moment de joie, mais aussi de stress. Le petit sera-t-il en bonne santé ? Serons-nous de bons parents ? Mille questions me viennent sur la parentalité, et aucune réponse, pour l'instant. Je crains surtout que mon enfant grandisse sans me connaître.

Élodie devine que sa grossesse ne me fera pas renoncer aux départs en Ukraine. Je lui promets, une fois encore, de ne pas prendre de risques, même si je n'y crois pas trop. Au front, tout peut basculer en un instant. Autour de moi, les proches et les amis s'agitent : « Mais tu vas être papa, ce n'est pas responsable de continuer de te rendre en Ukraine ! » Ces mots, certes légitimes, m'agacent au plus au haut point. C'est pour mon enfant et pour tous les futurs enfants d'Ukraine que je retournerai me battre tant qu'il le faudra. Leur avenir dépend de nos actions d'aujourd'hui.

Je contacte par téléphone la « dispatcheuse » des équipages des Hospitaliers qui me trouve vite une équipe, les anesthésistes manquant cruellement dans le bataillon. Elle me met en relation avec une commandante, Zorya, qui souhaite repartir en rotation et cherche un nouveau médecin, l'ancien étant retourné sur les bancs de la fac. Alors, enfin, le lundi 14 novembre 2022, je repars.

Kyïv a changé en ce début d'hiver. Elle est à la fois plus sombre, froide, et bruyante. Toujours plus cruels dans leurs attaques envers la population civile, les Russes ont décidé de détruire les installations énergétiques du pays. L'éclairage public ne fonctionne plus, tout comme les feux de circulation, ce qui rend la conduite dangereuse. Des milliers de groupes électrogènes sont déployés aux coins des rues, provoquant un vacarme continu, comme un défilé permanent de tracteurs.

Pour ne rien arranger, les ascenseurs ne fonctionnent plus non plus. Les vingt-cinq étages que je dois monter pour rejoindre l'équipe de Zorya me semblent sans fin. Je pense aux personnes dépendantes, incapables de prendre les escaliers, coincées dans leur appartement sans possibilité d'appeler de l'aide, puisque les téléphones sont également hors d'usage. Combien d'Ukrainiens sont morts d'isolement ? Nul ne le sait. Mais les Russes répondront un jour de ces crimes, c'est ma conviction.

Nous sommes quatre à manger des pizzas froides – le micro-ondes ne fonctionne pas, évidemment. Vers 16 heures, Zorya installe quelques lampes à piles ici et là, l'obscurité arrive tôt en cette période. Nous nous présentons à tour de rôle, ce qui est un changement agréable par rapport au dernier équipage, car Tamara n'a jamais prôné la communication entre nous. Nous devions uniquement nous dire le strict essentiel pour la mission. Un peu plus de relations humaines dans une rotation, ça fait plaisir.

Le premier est Ford, un étudiant en médecine de sixième année en passe de devenir interne en anesthésie-réanimation. C'est le portrait craché de Trotski jeune. Il a une généreuse crinière brune légèrement ondulée, des lèvres lippues, de petites lunettes rondes. Son côté introverti me plaît, il parle calmement et dégage un flegme naturel. Il sera notre paramédic, bien que ses compétences soient largement supérieures à celles de ceux que j'ai côtoyés dans le même rôle.

Wilson sera notre chauffeur et notre *gunner*. Il montre quelques gestes de tendresse envers Zorya, me laissant supposer qu'ils sont en couple. Je lance une blague afin d'en être certain : « Alors comment ça, Wilson, toi et Zorya êtes frère et sœur ? » Un large sourire se dessine derrière ses longues moustaches en guidon : « Oui, c'est mon âme sœur », me dit-il.

L'histoire de Wilson est à la fois unique et d'une banalité affligeante, dans une Ukraine en pleine recomposition politique. Au cours de la révolution de la Dignité[1], alors qu'il avait 18 ans, son groupe s'est lancé à l'assaut de la caserne de Rivne[2] – l'ordre ayant été donné la veille par son commandant local de secteur droit[3]. Ils ne possédaient pas d'armes et n'avaient que quelques boucliers métalliques pris aux Berkout[4] pour se protéger. L'un des moments les plus angoissants de son existence ; il ne pensait pas en sortir vivant et a même fait ses adieux à sa mère avant l'attaque. Fort heureusement, les soldats n'ont pas répliqué, ce qui leur a permis de prendre possession d'un large arsenal.

1. Nom donné à la révolution de Maïdan.

2. Ville de l'Ukraine de l'Ouest de 250 000 habitants.

3. En 2014, ce mouvement était une confédération de groupes patriotes et nationalistes hétéroclites. Il deviendra par la suite un parti politique et gardera une structure armée.

4. Ancienne force spéciale antiémeute, tristement célèbre pour ses violences et ses répressions durant la révolution de 2014.

À peine équipés, ils sont partis combattre l'armée russe dans le Donbass.

Il n'a jamais pu reprendre les études de philosophie qu'il venait de commencer. Au lieu de cela, il a signé un contrat avec GUR, et a été entraîné pendant de longues années par les Rangers[1] américains. La réputation d'infaillibilité du GUR tient en grande partie à la qualité de ses formations. En mars 2022, il a participé activement à la contre-offensive de Kyïv. Mais, déçu par ses nouveaux commandants, il n'a pas renouvelé son contrat et a décidé de rejoindre les Hospitaliers, chez lesquels il a rencontré Zorya.

Dans le Donbass, la petite ville de Zorya a été occupée par les Russes en mars 2022. Notre commandante y est née, d'où son sobriquet. Ses parents y habitent encore, ce qui explique sa discrétion concernant son engagement au sein des Hospitaliers. Si les Russes l'apprennent, ils n'hésiteront pas à les prendre en otage ou à les exécuter.

Bien qu'arménienne aux cheveux de jais, Zorya se sent plus ukrainienne que bien des Ukrainiens. Elle parle couramment ukrainien, russe, anglais et arménien. Cette femme est d'une intelligence rare. Le reste de sa famille vit dans le Haut-Karabagh[2], mais elle a rompu tout contact avec les siens, leurs positions prorusses lui

---

1. Force spéciale américaine, constituée essentiellement de fantassins légers.

2. Ancienne région séparatiste arménienne, reprise par l'Azerbaïdjan en 2023.

étant inacceptables. Cela me rappelle ma famille paternelle de Sébastopol. Des zombies au cerveau lavé, voilà tout ce qu'ils sont.

Zorya est juriste de formation et s'est initiée au secourisme de guerre dès l'hiver 2021. Elle aussi a senti que quelque chose se préparait.

***

Trois options s'offrent à nous pour le départ. Soit le Nord, près de Koupiansk, soit le Sud, avec le front de Zaporijia. Mais ces zones sont calmes en ce moment, nous risquons de ne pas trouver beaucoup de travail. La troisième option est Bakhmut, où une bataille fait rage depuis août et émeut le monde entier. C'est décidé, nous irons là-bas, à l'endroit le plus dangereux sur terre. Je cache ma nervosité aux autres. Ce voyage sera-t-il mon dernier ?

Toutefois, on ne se rend pas si facilement dans la ville forteresse[1]. Impossible d'y circuler sans autorisation et sans l'aide d'une unité déjà sur place. La solution nous est apportée par Wilson. Ses anciens frères d'armes du GUR se battent actuellement à Bakhmut et sont ravis de nous accueillir parmi eux. En réalité, le GUR n'a besoin qu'exceptionnellement d'une ambulance d'évacuation comme la nôtre, mais l'idée ici est de profiter de leur protection pour pouvoir travailler au PMA. Nous partons le lendemain.

1. Autre nom donné à Bakhmut durant l'invasion à grande échelle.

Nous passons près d’Izioum pour nous rendre dans le Donbass. Cette ville a été le théâtre d’âpres combats deux mois plus tôt. Sur le chemin, je compte au moins une cinquantaine de carcasses de blindés russes, probablement mis hors de combat par l’artillerie alors qu’ils battaient en retraite. Quel massacre.

Plusieurs ponts détruits nous barrent la route, ce qui nous oblige à opérer régulièrement un demi-tour. J’espère juste que les voies que nous empruntons sont déminées. En septembre, deux véhicules des Hospitaliers qui accompagnaient un convoi de médecins militaires ont déclenché un dispositif piège. Ils ont commis plusieurs erreurs, comme celle de suivre un itinéraire non sécurisé et celle de rouler trop près les uns des autres. Dans ce drame, quatre médecins militaires sont morts, et tous les Hospitaliers ont été gravement blessés. Le danger est omniprésent, absolument partout.

Nous arrivons le soir à Kramatorsk, chez un certain « Djihad ». Je n’ai pas la moindre idée de l’identité de cet individu au pseudonyme atypique, je sais juste que notre base sera chez lui. Zorya veut à tout prix éviter que l’on passe nos nuits à Bakhmut : il faut réduire au strict nécessaire notre présence dans cet enfer.

Djihad vit dans une maison résidentielle modeste, dans la banlieue de Kramatorsk. Un large portail rouillé donne sur un jardin peu entretenu, dans lequel sont plantés quelques panneaux : « Attention mines ! » Y a-t-il vraiment des engins explosifs ? Dans le doute, je marche dans les pas des autres. Les fenêtres de la bâtisse sont recouvertes de planches de bois clouées, de façon à dissimuler l'intérieur. Visiblement, Djihad souhaite être discret.

À l'intérieur, c'est la caverne d'Ali Baba, mais façon Rambo. Au moins vingt AK-47 sont posés contre les murs, ainsi que quelques PKM[1], trépieds ouverts, des mines TM-62[2] non amorcées, des caisses de grenades et, enfin, des milliers de cartouches de munitions. Sur les 40 mètres carrés du salon, la moitié est occupée par du matériel de guerre. Mais ce qui m'intrigue le plus, c'est un sac de transport en tissu noir, duquel dépasse un magnifique M110 SASS. Il s'agit d'un fusil de précision américain, plutôt récent et rare en Ukraine. Je me demande bien comment il a pu atterrir ici.

Djihad doit avoir la trentaine, il n'est pas très grand et a les cheveux rasés de près. Il est en treillis et possède un pistolet Makarov à la ceinture. J'en déduis qu'il doit être officier dans l'armée, et qu'il stocke une partie du matériel de son unité chez lui. C'est plutôt fréquent, maintenant. On évite de regrouper les armes et les munitions dans le même dépôt, car cela a une fâcheuse tendance à attirer les missiles russes. On dispatche au maximum le matériel militaire, ainsi que les soldats. Finies les grandes casernes aux immenses dortoirs, place désormais aux petites maisons individuelles.

1. Mitrailleuse kalachnikov.
2. Mine soviétique antichar de forme circulaire pesant environ 8 kilos.

On se souvient des 200 soldats ukrainiens tués dans une caserne à Mykolaiv, en mars 2022, ou des 600 Russes morts à Makiivka, le jour du Nouvel An 2023.

Depuis, des règles de sécurité drastiques sont entrées en vigueur : téléphone en mode avion et connexion autorisée uniquement par le routeur Starlink, séparation maximale des hommes et des munitions et, enfin, interdiction de publier photos et vidéos sur les réseaux sociaux. Un simple buisson sur une image peut suffire à l'ennemi pour identifier notre position et y organiser une frappe.

Pendant que Djihad graisse les pièces de son AK-47, assis sur un tabouret, nous essayons de trouver une place où installer nos sacs de couchage. Un petit poêle à bois artisanal est posé au milieu du salon, mais le tuyau d'évacuation n'est pas hermétique, la fumée qui s'en échappe rend l'air irrespirable. Toutefois, contre toute attente, je n'en sens plus l'odeur après quelques minutes, mes sinus doivent être saturés de fumée.

Nous partons vers 8 heures pour Tchassiv Yar, l'une des dernières villes avant Bakhmut. Nous y rencontrons deux hommes du GUR, plus précisément de la Légion internationale du renseignement militaire. Ils sont britanniques, anciens membres des Royal Marines, rien que ça. L'un d'eux est d'origine ukrainienne et nous répond avec un fort accent anglais. Zorya conclut un accord : nous devrons les évacuer en priorité s'ils ont des blessés ; eux nous ouvriront les portes de Bakhmut et nous fourniront en carburant. Ils nous demandent aussi de leur dispenser une formation en médecine de combat auprès d'une unité de Russes (oui, certains Russes se battent aux côtés de l'armée ukrainienne) après notre mission à Bakhmut, ce que nous acceptons, bien évidemment.

Notre prochaine étape est le KSP[1] de Bakhmut, autrement dit, le quartier général. Nous devons nous présenter auprès de l'officier supérieur chargé de la défense de la ville, afin qu'il nous mette en relation avec le médecin chef du secteur. On ne se promène pas comme on veut à Bakhmut, il y a une hiérarchie à respecter.

Je reste allongé sur le brancard de l'ambulance tout le long du trajet, je ferme les yeux et j'essaye de me reposer un peu. Une demi-heure plus tard, je sors du véhicule avec gilet pare-balles et casque sur la tête. À force de les porter en permanence, je ne les sens même plus, maintenant. Le paysage est lunaire. La ville est grise et froide, les immeubles sont tous criblés d'éclats d'obus et les rares arbres encore présents sont déchiquetés. Il n'y a pas âme qui vive. J'entends régulièrement quelques explosions au loin. Un soldat patiente devant un immeuble HLM ; Zorya lui dit qu'un certain colonel nous attend. Il nous laisse passer et nous descendons au sous-sol.

Je n'imaginais pas trouver un lieu si étendu et si peuplé. Au fur et à mesure que nous nous enfonçons dans

1. Abréviation de Commandement des forces de soutien, lieu qui fait office de quartier général pour un secteur donné.

ces galeries labyrinthiques, l'odeur de fumée de tabac devient si forte que j'ai du mal à respirer faute de circuit de ventilation. La lumière tamisée me laisse entrevoir un dortoir où plusieurs hommes et femmes se reposent sur des lits superposés, alors que d'autres attendent, assis, smartphone à la main. Après avoir traversé plusieurs couloirs, nous passons dans ce qui semble être le garde-manger, où des dizaines de cartons de nourriture en boîte sont entreposées.

La dernière pièce mesure environ 20 mètres carrés et contraste avec le reste du lieu par la haute technologie qui y est disposée. Une dizaine d'hommes sont assis côte à côte devant plusieurs écrans ultra-larges, souvent deux par opérateur. On y voit les images prises en direct par plusieurs drones d'observation. Au vu de la qualité des clichés, les engins doivent être militaires, probablement fournis par les Occidentaux. Aucun espace de Bakhmut n'échappe à l'attention de l'armée ukrainienne. Tel un dieu omniscient, elle voit tous les recoins de rue et donne la mort à chaque envahisseur repéré. L'un des opérateurs communique par casque audio avec un artilleur : « Tu tires 100 mètres trop à droite, corrige ça ! » Trois minutes après : « Trente mètres trop à gauche, fais quelque chose, putain ! »

Un autre opérateur guide un équipage de BMP[1], alors en pleine percée des lignes ennemies : « Stop, arrête-toi ! OK, maintenant, tourne à 20 degrés sur

1. Véhicule de combat d'infanterie soviétique.

ta gauche, et ensuite avance tout droit ! » Après avoir roulé une centaine de mètres dans cette direction, le BMP rentre par le côté dans une tranchée russe et écrase en quelques secondes les hommes qui s'y trouvent. Aucun d'eux n'a le temps de fuir ou de riposter, tous sont broyés et finissent par ne faire qu'un avec le *tchernoziom*[1] ukrainien. La mort horrible qu'ils viennent de trouver me ravit ; quatre ou cinq envahisseurs liquidés sans un coup de feu tiré, c'est une bonne nouvelle, non ?

Il n'existe pas de bonne manière de tuer ; c'est une illusion de croire que la guerre peut être propre. Un couteau, une pelle, un bout de métal ou une chenille de char, tout peut devenir un outil d'homicide légalisé. « Peu importe comment vous tuez tant que vous tuez », c'est la seule loi qui s'applique ici.

Au centre de la pièce, le colonel a les yeux rivés sur une carte militaire d'au moins trois mètres de long qui détaille la situation précise sur le secteur. Alors que les médias occidentaux prédisent la chute prochaine de Bakhmut, la carte semble indiquer tout le contraire : nos hommes tiennent fermement les immenses usines à l'est de la ville[2]. Ces lieux sont des forteresses, à l'image d'Azovstal[3] ; en déloger l'armée ukrainienne est une tâche titanesque. Le colonel accepte que nous opérions

1. *Tchernoziom* signifie « terre noire » en ukrainien et désigne un sol particulièrement riche en humus.
2. La cimenterie Siniat ALC et l'usine de crémant Artwinery.
3. Immense usine métallurgique à Marioupol, qui a été assiégée pendant trois mois par l'armée russe.

dans le secteur et nous signale que le médecin chef manque de personnel dans le PMA. Tant mieux, c'est là que nous souhaitons nous rendre.

Le PMA n'est qu'à quelques minutes du poste de commandement. La rencontre avec le médecin chef est amicale, il accepte sans hésiter notre aide. C'est un homme qui a la quarantaine, chirurgien orthopédiste de formation, et qui mesure près de deux mètres. Un charisme naturel émane de lui. Zorya lui explique notre appartenance au GUR, ce qui signifie que nous garderons une certaine autonomie vis-à-vis de lui. Alors que nous faisons connaissance, les frappes d'artillerie autour de nous gagnent en intensité, la peur monte en moi. Il ne faut pas traîner ici, on repart à toute vitesse à Kramatorsk – le travail commence demain matin.

***

Djihad nettoie encore ses armes, ce soir-là. En discutant avec lui, j'apprends qu'il n'est plus militaire. Ancien ouvrier de l'usine NKMZ[1] et petit voyou de Kramatorsk, il a eu une révélation patriotique lorsque la ville est passée sous occupation ennemie pendant quatre mois en 2014 : « J'ai compris à ce moment-là que les Russes voulaient réduire en cendres mon Donbass… »

1. Il s'agit d'une des plus grandes usines métallurgiques d'Europe, de taille similaire à Azovstal. C'est l'employeur principal des habitants de Kramatorsk.

Il me raconte qu'il offrait du cannabis aux soldats russes afin de les rendre inaptes au combat. « Je luttais contre l'occupation à ma façon », me dit-il, un petit sourire aux lèvres.

À la libération de la ville, il s'est engagé dans l'armée et a intégré la 81e brigade nouvellement créée. Puis il a rencontré sa femme et Dieu, et est devenu un fervent chrétien évangéliste. Il ne se sépare jamais de sa petite bible à la couverture couleur camouflage militaire, ce qui lui vaut le sobriquet de Djihad.

Nous laissons l'ambulance à quelques pâtés de maisons du PMA, bien à l'abri dans une ruelle. Wilson ira la chercher lorsque nous devrons évacuer un blessé : hors de question de la garer devant le PMA, à côté des dizaines d'autres véhicules ; l'accumulation d'engins attire les frappes d'artillerie. Nous sortons, prenons rapidement nos affaires et courons sur quelques centaines de mètres pour rejoindre le bâtiment, tandis que des explosions se font entendre près de nous. Nous sommes vulnérables dans la rue. La peur monte encore. Sur le chemin, nous croisons plusieurs carcasses de voitures calcinées, ainsi qu'une myriade de trous d'obus. Je me sens horriblement fragile.

Le PMA a été aménagé dans une minuscule clinique de proximité. Rien ici n'est prévu pour recevoir un flux continu de blessés. Un long couloir exigu traverse le bâtiment, une pièce est destinée aux patients « légers », et une autre, aux « graves ». Le lieu dispose aussi d'une petite cuisine, de plusieurs chambres de garde pour les médecins, et enfin d'une salle de repos, où trônent ces choses qui nous rappellent qu'un autre monde existe en dehors de l'enfer de Bakhmut : une télévision et un routeur Starlink.

Le médecin chef appartient à la 93e brigade ; il dirige les trois compagnies sanitaires qui défendent la ville[1]. Au total, six anesthésistes et six chirurgiens sont là : les deux tiers sont des militaires, les autres font partie du PFVMH[2], une organisation similaire à celle des Hospitaliers, bien que non militarisée. Pour une raison qui m'échappe, Zorya déteste ces « concurrents ».

Une fois de plus, aucun membre du PMA ne se présente à nous : il faut systématiquement deviner les noms et les fonctions de chacun. Dans un premier temps, j'essaye de comprendre l'agencement des médicaments et du matériel. Mila nous fait visiter ; elle est la seule infirmière anesthésiste du poste. La cinquantaine, de petite taille, assez forte, et les cheveux gris coupés court, elle me rappelle ma grand-mère.

Les respirateurs d'anesthésie sont branchés à des concentrateurs d'oxygène, ce qui est assez unique comme procédé. Ces machines parviennent à extraire l'oxygène de l'air ambiant et à le restituer au respirateur, évitant ainsi le stockage de bombonnes d'oxygène inflammable sur place ! Mila nous montre ensuite un

---

1. Bien que changeant constamment, les trois brigades sur place étaient la 30e, la 58e, et la 93e.

2. Premier hôpital mobile de volontaires de Pirogov.

bâtiment accolé à la clinique, où sont entreposées plusieurs tonnes de matériel médical. Finalement, on ne manque de rien, à Bakhmut.

Je fais la connaissance des anesthésistes militaires. Ils ont mon âge, ont tous été mobilisés en mars 2022, et travaillaient dans une clinique pédiatrique. Ils n'ont qu'une maigre expérience dans la prise en charge des polytraumatisés adultes, mais ils sont motivés et curieux d'apprendre les protocoles médicaux français. Il ne reste que vingt-quatre heures au PMA, ils seront relevés par deux autres collègues le lendemain. Au total, il y a trois équipes d'anesthésistes. Quant aux chirurgiens, ils sont seuls et ne peuvent se permettre le luxe de bénéficier d'une relève. Vova, l'un d'entre eux, n'est pas sorti du PMA depuis quatre mois. Il doit avoir un mental d'acier pour tenir aussi longtemps dans ce lieu désolé.

Les blessés arrivent dans un flot dense mais irrégulier. Parfois un toutes les dix minutes, parfois rien pendant une heure, puis quinze dans le quart d'heure qui suit. Des blessés graves, des moins graves, il y a de tout et la distinction entre les deux n'est jamais très claire. C'est la loterie. Au cours d'une journée calme, environ 150 blessés passent par le PMA ; en période d'offensive ou de contre-offensive ukrainienne, le centre en traite près du double. L'essentiel des blessés arrive en journée, les attaques et les préparations d'artillerie commencent souvent le matin et s'étalent jusqu'en fin d'après-midi, la nuit n'étant pas propice aux grandes opérations. Cela nous arrange, nous rentrons à Kramatorsk chaque soir.

Soudain, une première frappe tombe près de nous, tout le monde s'arrête de bouger instinctivement pendant une seconde, avant de reprendre ses activités. Dix minutes plus tard, une nouvelle explosion encore plus intense se produit. Cette fois-ci, l'ensemble de la clinique se met à trembler. Cela signifie que l'ennemi a corrigé son tir dans notre direction et que la prochaine frappe pourrait directement nous atteindre.

Nous nous réfugions tous au sous-sol, les blessés transportables sont descendus. Quelques individus restent sur place, mais l'essentiel de la centaine de personnes que compte le PMA est en bas. Cinq minutes plus tard, une déflagration d'une puissance inouïe se fait ressentir. Des cris et des appels à l'aide nous arrivent de la surface.

Je remonte à la hâte et j'aide à transporter un homme qui a perdu connaissance : c'est l'un des ambulanciers du poste. Cet inconscient a commis l'erreur de sortir après la deuxième frappe afin de vérifier si son véhicule était toujours intact, sans avoir mis son gilet. Je perçois un discret saignement sur la partie supérieure de son thorax. Il est en arrêt cardiaque et l'échographie montre un vaste épanchement autour de son cœur : l'éclat l'a transpercé.

La troisième frappe aura eu raison de lui, c'est une évidence ; nous n'avons pas le matériel nécessaire pour l'opérer ni les chirurgiens compétents pour le faire.

Je m'éloigne tandis qu'une dizaine de personnes s'agglutinent autour de lui dans l'espoir de le sauver. Zorya me regarde, stupéfaite. « Il est déjà mort. Ils ne comprennent pas qu'ils sont en train de tenter de réanimer un cadavre », lui dis-je, dépité. Une demi-heure plus tard, ils renoncent enfin. Tant d'énergie dépensée pour rien, pendant que d'autres blessés attendent.

Alors que je discute avec le médecin chef, un homme vient nous interrompre : « Qu'est-ce que je mets dans le certificat de décès ? Il n'avait pas son gilet, quand il est sorti… » La réponse est directe : « Il faut que tu indiques qu'il le portait, sinon sa femme ne recevra aucune pension. S'il y a une enquête, tant pis, on mentira. » Voici la réalité de la guerre : si un soldat a bafoué les consignes élémentaires de sécurité, l'État ne fournit aucune compensation en cas de mort. J'apprécie l'humanité dont fait preuve le médecin chef : la famille de cet ambulancier n'a pas à payer son imprudence.

***

Vers la fin de l'après-midi, nous évacuons un blessé vers l'hôpital de Druzhkivka[1]. Aucun médecin n'est présent pour nous accueillir et les infirmiers écoutent à peine mes transmissions. Ils semblent à la fois débordés et peu concernés par les malades qui arrivent. Nous transposons le blessé sur un brancard dans le couloir,

1. Petite ville située entre Kramatorsk et Bakhmut.

et repartons aussitôt à Bakhmut, où d'autres attendent d'être évacués.

À peine arrivés au PMA, nous devons rejoindre l'hôpital de Kramatorsk, seul établissement qui dispose d'un service de neurochirurgie et peut ainsi soigner notre patient atteint d'un grave traumatisme crânien. Wilson conduit comme une brute, je manque de tomber à plusieurs reprises sur la tête du patient : « Eh ! Conduis plus doucement, il y a un blessé derrière ! » Il essaie d'être plus prudent, mais ce n'est toujours pas ça.

Tous les jours, j'en apprends un peu plus sur Djihad. Il a quitté son poste de tireur de précision après sept ans de bons et loyaux services dans l'armée. Il raconte avoir eu plusieurs différends avec ses officiers qui, selon lui, avaient plus envie de passer du bon temps que de préparer la guerre à venir.

En février 2022, il a monté un groupe de douze partisans, tous recrutés parmi ses anciens camarades de la 81e. Ils ont mené des actions à l'arrière des lignes russes et ont rencontré beaucoup de succès – l'armada qu'il stocke chez lui en est la preuve. Mais après la mort de la moitié de ses membres, le bataillon a fini par se disloquer. Depuis, Djihad propose ses services à l'armée comme tireur de précision « autonome ». Ce soir, il part en reconnaissance près de Bilohorivka, la seule ville libre de la région de Louhansk.

Au petit matin, il rentre, couvert de terre, mais surtout, en possession de deux nouveaux AK-47 boueux et d'un casque russe. Au cours de la nuit, il est tombé nez à nez avec deux Russes dans la zone grise[1]. Quand ils l'ont braqué, il a pensé que son heure était arrivée, mais, au moment d'appuyer sur la gâchette, aucun coup n'est parti chez ses opposants : leurs armes boueuses étaient enrayées. Djihad n'a eu aucun mal à les éliminer alors qu'ils tentaient de fuir.

Pour lui, il ne s'agit pas de chance, mais simplement de la volonté de Dieu. Cette histoire m'aura appris une autre leçon : pour augmenter ses possibilités de survie, toujours bien nettoyer et entretenir son arme.

***

Le deuxième jour est particulièrement difficile physiquement. Toute évacuation demande environ trois heures, aller et retour, et nécessite une attention de chaque instant dans la mesure où nous transportons les blessés les plus lourds. Nous réalisons trois départs au cours de la journée, sans compter les soins effectués dans le PMA. Je porte désormais mon gilet pare-balles et mon casque en permanence, même dans le poste. Les murs qui nous entourent nous donnent une illusion de sécurité mais je sais que les éclats peuvent traverser le bâtiment de part en part. Nous sommes si vulnérables.

1. La zone grise désigne un secteur plus ou moins important qu'aucune armée ne maîtrise. Presque inexistante à Bakhmut du fait de la haute concentration d'hommes, elle est bien plus importante sur le front de Kharkiv et de Louhansk.

Sur le chemin du retour, nous nous arrêtons dans une base afin de nous ravitailler en carburant. Je compte près de dix blindés garés dans un hangar et plusieurs cuves de stockage d'essence. Je n'aime pas me trouver ici ; si les Russes nous bombardent, tout sera pulvérisé en une fraction de seconde. Je sens la pression redescendre lorsque nous quittons ce lieu.

Avant d'aller nous coucher, nous effectuons le débriefing habituel. Zorya est une commandante admirable : bonne manager et fine psychologue, elle sait pointer nos défauts et nos qualités pour nous aider à nous améliorer. Sa remarque du jour me concernant me touche particulièrement : « Tu as plus d'expérience avec les blessés que les autres anesthésistes, il faut que tu t'imposes davantage auprès d'eux. »

Elle a raison, j'ai passé toute la journée à ruminer les erreurs médicales dont j'ai été le témoin. Les soins s'opèrent dans le chaos le plus total, tous se précipitent sur les blessés sans coordination, sans leader pour guider la prise en charge thérapeutique. Les chirurgiens commencent à explorer les plaies sans attendre l'analgésie, les anesthésistes oublient régulièrement de mettre les éléments de surveillance[1], les antibiotiques injectés sont inadaptés, etc.

Je m'attendais à voir l'élite des médecins militaires à Bakhmut, mais je me retrouve face à des personnes

1. Au minimum un saturomètre, un tensiomètre, et un tracé sur l'électrocardioscope.

qui n'ont parfois pas même le niveau d'un interne de premier semestre. Je ne me sens toutefois pas légitime de leur faire des remarques : je ne suis là que depuis quelques jours et je crains qu'ils prennent cela pour de l'arrogance.

Je me plonge dans mon sac de couchage et les explosions de Bakhmut résonnent à nouveau dans ma tête. Bien que le silence le plus complet règne autour de moi, la sensation de pression sur mes tympans me paraît bien réelle. Lorsque je ferme les yeux, je revois les corps déchiquetés, sans réussir à me remémorer leurs visages – il y en a tellement eu, aujourd'hui.

J'ai envie de rentrer chez moi. La guerre me terrorise. Je suis convaincu que la mort et la souffrance m'attendent si je retourne sur le front. Heureusement, la fatigue me plonge dans le sommeil en quelques minutes.

Je me balade dans un hypermarché, la sirène de raid aérien retentit, puis les obus commencent à pleuvoir. Je me plaque au sol tandis que les allées du magasin explosent une à une. Je ne sais pas s'il y a d'autres victimes, je sais juste que je suis pris au piège, sans aucune chance de m'en sortir. L'angoisse est totale. Les ondes de choc et les tremblements se font de plus en plus violents, la structure du bâtiment s'effondre sur moi. Suis-je mort ?

Encore un cauchemar. Rien de grave, c'est un processus physiologique qui permet de réinterpréter les événements traumatisants de la journée. Souvent, ils ne durent que quelques jours. En revanche, d'autres comme Le Seigneur sont torturés chaque nuit, prisonniers à vie de leurs cauchemars.

***

La journée qui nous attend sera difficile. La 17e brigade de chars vient de lancer une contre-offensive dans la zone. L'objectif de cette manœuvre n'est pas de récupérer de larges portions de territoire mais de stopper l'avancée des Russes et de les obliger à utiliser leurs réserves.

Je suis à peine descendu de l'ambulance que deux tirs s'abattent à 100 mètres de nous. Le sol tremble, mais par chance un bâtiment se trouve entre l'impact et nous. Je crie alors aux autres, qui prennent leur temps pour sortir du véhicule : « Putain, dépêchez-vous de prendre vos affaires ! Bougez-vous ! »

J'allume ma GoPro pendant notre course de quelques minutes vers le PMA, pour immortaliser mes derniers moments, au cas où j'y resterais. J'éteins ma caméra dès que je pénètre dans le bâtiment ; le médecin chef en a explicitement donné l'ordre : « Si je vois quelqu'un qui filme nos héros, j'explose son appareil contre un mur ! »

Les blessés arrivent en nombre. L'un d'eux a des garrots tourniquets serrés aux quatre membres. Mon esprit se fige quelques secondes : où le perfuser ? Je décide de lui poser une voie centrale en veine jugulaire interne, sans gants stériles, avec de la boue absolument partout. On verra plus tard pour l'asepsie, en attendant il me faut un accès veineux pour le sédater et l'intuber.

Entre deux patients, nous nous retrouvons dans la salle de pause, pour boire un café chaud et regarder un match de la Coupe du monde de football. Ces moments sont presque agréables, ils nous permettent de souffler un peu. Je fais la connaissance de Yara, une jeune infirmière militaire aux longues dreadlocks blondes, qui a pour rôle d'évacuer les blessés du zéro jusqu'au PMA. Je ne sais pas si j'aurais le courage de remplir cette mission suicidaire. Nous repartons travailler dès que nous entendons arriver un nouveau blessé.

Un soldat débarque dans la salle des blessés graves, accompagné de deux de ses frères d'armes. La partie inférieure de son visage est en lambeaux, le pansement israélien[1] qui le recouvre est imbibé de sang. Il ne se plaint de rien, comme la plupart des blessés. La tolérance à la douleur des militaires est bien plus importante que celle des civils. Les images d'hommes hurlant et gesticulant dans tous les sens que l'on voit dans les films hollywoodiens sont une pure invention. La plupart du temps, le blessé est calme et exprime peu d'émotions, comme sous le choc. Même s'il a subi une amputation traumatique d'un bras ou d'une jambe, il sait qu'il est désormais en sécurité et qu'il va pouvoir vivre. Pour

1. Pansement compressif avec une bague de serrage qui permet de stopper de façon efficace une hémorragie de faible importance.

moi, le PMA est un endroit dangereux et hostile, pour eux, c'est le paradis par rapport au zéro de Bakhmut.

Le chirurgien l'allonge sur le lit et commence par enlever son bandage. Il y a du sang et des lambeaux de chair dans tous les sens ; je ne vois pas par quel orifice cet homme peut encore respirer. Les anesthésistes qui le prennent en charge pratiquent une coniotomie[1], plaçant une sonde d'intubation dans sa trachée. Notre équipe est désignée par le médecin chef pour évacuer ce jeune homme, qui doit se contenter de respirer par une sonde d'intubation d'à peine 7 millimètres de diamètre. Alors que nous sommes sur le point de partir, Ford décide de rester sur place pour aider, vu l'afflux continu de blessés. Tant pis, nous partons sans lui.

Sur le trajet, j'essaie de rassurer comme je peux mon patient : « Ça a l'air impressionnant, mais tu n'as pas grand-chose. Tu vas subir quelques opérations, puis ton visage sera beau comme avant », lui dis-je. Je ne sais pas s'il me croit, mais c'est la seule chose que je puisse faire pour lui. Je lui demande régulièrement s'il souffre ou s'il arrive à respirer correctement, mais il ne se plaint de rien. La communication demeure difficile, la coniotomie l'empêche de parler. Alors que nous arrivons à l'hôpital de Druzhkivka, je lui fais mes adieux en lui serrant la main. Par un simple hochement de tête, il me remercie d'avoir été à ses côtés.

1. Technique chirurgicale d'urgence permettant d'assurer une ventilation efficace après section de la membrane cricothyroïdienne.

Il est près de 20 heures lorsque nous repartons vers Bakhmut rechercher Ford. La nuit est si noire que Wilson ne peut éviter un trou d'obus, à l'entrée de la ville. On entend un grand fracas au niveau du châssis puis, quelques secondes plus tard, apparaît le voyant moteur rouge. Le filtre à huile est percé. Nous sommes en panne aux portes de Bakhmut, à découvert, en pleine nuit, sans réseau mobile pour contacter qui que ce soit.

Bien évidemment, les frappes russes se font entendre à quelques centaines de mètres. Les T-72 ukrainiens qui passent régulièrement à côté de nous me terrorisent ; ils roulent à toute vitesse, sans phares, et il est impossible de savoir s'ils nous ont vus. Or un accident est si vite arrivé… Par chance, des gardes-frontières en pick-up nous repèrent et acceptent de nous tracter jusqu'à Kramatorsk. C'est un miracle.

Ford restera cette nuit à Bakhmut, nous n'avons aucun moyen de le récupérer. Au fond, je pense que c'est ce qu'il voulait. Il a la fougue du jeune étudiant en médecine, curieux d'en apprendre toujours plus, et surtout désireux d'aider. Zorya contacte la base des Hospitaliers ; ils nous enverront une nouvelle ambulance dès le lendemain. Je suis rassuré, je pensais que notre mission allait prendre fin.

Au petit matin, Djihad rentre, satisfait. Il branche la lunette thermique de son fusil à son ordinateur et nous montre les images du « travail » qu'il a accompli pendant la nuit. Sur les vidéos, la chaleur apparaît en blanc, et le froid, en noir. Lorsqu'il « refroidit » un Russe, celui-ci s'effondre au sol et son image blanche vire petit à petit au gris, et enfin au noir. Sur ses huit cibles, seuls les cinq cadavres qui sont visibles au sol sont confirmés. Trois d'entre eux ont été touchés alors que leurs têtes dépassaient de leur trou de combat. Ainsi, il est impossible de dire avec certitude si le Russe est bel et bien décédé, ou s'il se cache à l'intérieur. Dans le doute, ces morts ne sont pas confirmés.

Néanmoins, cela reste une belle nuit, pour lui. Djihad a probablement déjà éliminé plusieurs centaines de Russes depuis le début de la guerre – les vidéos qu'il a enregistrées en témoignent. C'est un professionnel comme je n'en ai jamais connu. Humble et discret, il lui plaît de travailler seul. Il jubile intérieurement lorsqu'il ôte la vie à une orque[1]. Mais il ne montre jamais qu'il aime tuer, sa soif de sang entre en contradiction avec ses principes chrétiens.

***

Tôt le matin, un camion porte-véhicules nous livre la nouvelle ambulance. Il s'agit d'une vieille Volkswagen qui doit être plus âgée que moi, mais tant pis, ce n'est pas comme si nous avions réellement le choix. Nous repartons vers midi, le temps de la rééquiper. La route de Bakhmut est de plus en plus risquée : les Russes

1. Surnom donné aux soldats russes, en référence au *Seigneur des anneaux*.

la visent en permanence et les obus tombent fréquemment à quelques centaines de mètres de nous. Je commence à connaître par cœur ce chemin, ainsi que chaque trou d'obus qui le caractérise. Au PMA, le médecin chef nous demande en plaisantant s'il peut garder Ford ; il a été très satisfait de son travail au cours de cette nuit.

Une mère entre soudain en hurlant dans le PMA. Elle tient dans ses bras sa fille de quatre ans, inconsciente, blessée par un éclat d'obus. C'est une habitante de Bakhmut qui refuse de déserter les lieux malgré le déluge de feu. Le chirurgien Vova l'injurie : « Espèce de conne, pourquoi tu n'as toujours pas quitté la ville ? Si ta fille meurt, ce sera ta faute ! »

Ses mots sont durs, mais il a raison. Il n'y a pas que les personnes âgées attachées à leur maison qui sont restées à Bakhmut, il y a aussi les idiots qui pensent que rien ne peut leur arriver. La jeune patiente est stabilisée, puis évacuée par une ambulance civile.

***

La météo est désastreuse depuis une semaine, la pluie provoque rapidement une boue collante qui vient s'accrocher aux bottes des hommes. Les blessés débarquent maintenant à rythme constant dans le poste. Plusieurs fois par jour, des pick-up à la benne recouverte d'une bâche noire, d'où dépassent des bottes, s'arrêtent près d'une annexe du PMA, qui sert de morgue temporaire. Il y a peut-être dix ou quinze cadavres dans chaque véhicule. Heureusement qu'il ne fait pas trop chaud, ça empesterait rapidement la mort.

Au cours de la journée, Élodie m'appelle pour m'annoncer qu'elle a eu plusieurs contractions et des pertes sanguines. Alors qu'elle se rend à la clinique pour des examens, un bombardement endommage le groupe électrogène situé à l'extérieur du PMA. Le routeur Starlink s'éteint aussitôt et je perds le contact avec elle. Je passe le reste de la journée à angoisser. Comment va-t-elle ? Ce n'est que le soir, à Kramatorsk, que je peux la rappeler : elle me rassure sur son état de santé et m'apprend que l'on attend une fille. Je suis aux anges !

Quelques jours plus tard, nous subissons un effroyable bombardement, qui nous oblige à rester plusieurs heures dans le sous-sol. Alors que les blessés s'accumulent, le médecin chef nous ordonne d'évacuer un soldat qui a les deux jambes presque amputées et dont les chirurgiens n'arrivent pas à maîtriser le saignement. Je n'ai aucune envie de remonter à la surface, je suis terrorisé par la pluie d'obus qui tombe continuellement. Nous mettons une minute à mettre le blessé dans le brancard de l'ambulance, mais le temps passé en dehors du bâtiment me paraît une éternité.

Nous quittons Bakhmut à la hâte. Nous n'y reviendrons jamais : le soir même, le médecin chef nous apprend que le PMA est évacué et que le bâtiment vient d'être miné.

7

Dans le brouhaha médiatique d'un conflit complexe

Ma première rencontre avec les médias a été purement fortuite. Début mars 2022, je me rends à la pharmacie centrale du CHU de Lille pour récupérer un respirateur de transport promis par le chef du pôle de l'urgence, le docteur Patrick Goldstein. Alors que j'arrive sur les lieux, un semi-remorque d'aide humanitaire est sur le point de partir pour l'Ukraine. Tous les médias locaux ainsi que le directeur de la communication de l'hôpital sont présents. Le directeur, qui connaît mon intention de retourner dans le pays, souhaite faire quelques photographies avec moi. Je n'ai pas été prévenu, je porte un survêtement sale et des baskets trouées, je suis mal rasé, et je suis surtout fatigué. Je m'exécute pendant quelques minutes et donne mes coordonnées à quelques journalistes qui me l'ont demandé, avant de repartir avec mon respirateur.

Le lendemain, je suis contacté par France 3 Nord-Pas-de-Calais pour une interview, chez moi, que j'accepte avec plaisir. Les prises sont préparées et refaites plusieurs fois, mais c'est le jeu. Sur les cinq minutes de discussion, seules trente secondes sont retenues au journal du soir. C'est frustrant, mais je comprends que la télévision fonctionne ainsi. Très vite, d'autres chroniqueurs me demandent des entretiens.

Le 5 mars, l'article du journaliste du *Parisien*, que j'ai rencontré la veille, me présente sous l'angle de l'archétype du médecin, dans lequel je ne me reconnais pas : photographié en contre-plongée, regard sérieux, en costume trois pièces et cravate, ampoulier rouge dans les bras, je me trouve ridicule. J'ai l'impression d'être une version *low cost* d'un Bernard-Henri Lévy partant en guerre avec sa chemise blanche ouverte. À l'avenir, ce sera à moi de décider quelle image je souhaite donner, et non aux médias de m'enfermer dans un rôle qu'ils ont écrit pour moi.

C'est ainsi que je décide de me lancer sur les réseaux sociaux en créant une page Instagram[1], @DocSaban, ainsi qu'un profil Facebook[2] dédié à mes actions en Ukraine.

J'attendais depuis longtemps l'opportunité d'avoir la parole dans les médias. Je suis transparent sur mes motivations. Je n'ai pas de société de conseil en géostratégie

1. www.instagram.com/docsaban/?hl=fr.
2. www.facebook.com/people/Arsene-Sabanieev/100071803372720/?locale=hi_IN&paipv=0&eav=Afb4RovbByR5xnSy1zcO49OcudbUp_6_mCav8SmYbrw9EdXUR5WxUoaDlG0JN-Dak9U8&_rdr.

à faire prospérer, ni d'association à vendre au public. Je n'essaie pas de me créer une image en vue de me lancer en politique. Je n'y cherche pas l'argent, mon métier me permettant de très bien gagner ma vie. La seule chose qui me pousse vers les médias, c'est le désir ardent de rétablir la vérité sur l'Ukraine.

Car s'il est facile – et de bon ton – de dénoncer aujourd'hui la rhétorique propagandiste russe, c'est plutôt le narratif du Kremlin qui a fait foi en France durant des décennies. Beaucoup semblent l'avoir oublié, pas moi. La phrase : « Un mensonge répété mille fois se transforme en vérité », souvent attribuée au propagandiste nazi Joseph Goebbels, n'a jamais été aussi bien adaptée qu'au traitement médiatique de la question ukrainienne avant 2022. Les exemples dans ce sens sont légion.

Le russophone contre l'ukrainophone. Le russophile contre le bandériste[1]. Le prorusse contre le proeuropéen. L'Est contre l'Ouest. Voici la bataille inévitable qui nous a été vendue par la Russie dès la révolution Orange de 2004, et reprise allégrement par l'ensemble des médias occidentaux. Cette opposition semble si logique, si simple, si évidente… peut-être trop, même !

De nombreuses analyses décrivaient alors une Ukraine coupée en deux[2], condamnée à se disloquer au profit

1. Le terme « bandériste » vient du nom de Stepan Bandera, chef de l'Organisation des nationalistes ukrainiens née de la fusion, en 1929, de plusieurs mouvements indépendantistes ukrainiens.

2. Andréa Fradin, « Une nouvelle carte pour bien comprendre les tensions en Ukraine », Slate, 26 janvier 2014 ; « Crimée : l'Ukraine

de la Russie. En réalité, ce narratif trouve son origine dans les esprits des idéologues du Kremlin avec la création du concept de « Sud-Est ». L'émergence de cette vision binaire de l'Ukraine voit le jour lors de l'accession au pouvoir de Vladimir Poutine au printemps 2000. L'objectif : simuler une fissure au sein de la nation ukrainienne, afin de l'affaiblir et d'en prendre possession.

***

Le Sud-Est se fonde sur la « Nouvelle-Russie », qui se voulait une colonie peuplée de Russes, dans les territoires du sud-est ukrainien, vers le milieu du XVIIIe siècle. À partir de cette base territoriale, de prétendues « différences culturelles » entre les « deux Ukraine » ont été instrumentalisées par les propagandistes[1] russes. La fracture linguistique est la première à être utilisée par nos ennemis, et reprise sans modération dans la presse française[2].

Pourtant, la langue n'a jamais été un enjeu sociétal, ni même politique en Ukraine. Jusqu'à récemment, l'usage du russe était considéré comme normal et accepté dans toutes les régions d'Ukraine. Je suis

proche de la partition », *JDD*, 13 mars 2014.

1. Bien qu'à l'époque, aucun média occidental ne les qualifie de « propagandistes », le terme étant trop « diffamant ».

2. Alexia Kis-Marck, « "De l'Est russophone et russophile à l'Ouest nationaliste et ukrainophone" : la construction des communautés linguistiques ukrainiennes dans la presse française », Lengas, 77, 2015, https://doi.org/10.4000/lengas.797.

moi-même russophone, toute ma famille l'est… enfin, l'était. Le russe n'a été majoritaire que dans les grands centres urbains ukrainiens de l'Est et du Sud. Les villes de taille plus modeste, mais surtout les campagnes, sont toutes restées ukrainophones. Je ferai face à mes propres préjugés lorsque je constaterai que les locaux du Donbass libre s'expriment en ukrainien.

La question de la langue devient ensuite un argument politique, avec la création du parti des Régions[1], organe censé représenter les « aspirations prorusses » des habitants du Sud-Est. Moscou, qui dirige en sous-main le parti, choisit son champion : Viktor Ianoukovitch, un parrain mafieux de Donetsk. Une fois de plus, la presse française reprend mot pour mot le narratif du Kremlin. Dans un sujet[2] de France Télévisions du 3 janvier 2013, il est dit que « l'Ukraine est une société clivée en deux cultures […], dont la fracture est historique entre l'Est et l'Ouest du pays ». Historique, rien que ça.

Courrier international va encore plus loin en 2013, en présentant une carte de l'Ukraine[3] divisée arbitrairement en trois régions : une « région pro-occidentale »,

1. Né en octobre 1997 sous le nom Parti du renouveau national d'Ukraine, ce parti sera interdit en février 2023 par la huitième cour d'appel administrative de Kyïv.

2. Catherine Le Brech, « L'Ukraine, une société clivée entre deux cultures », Francetvinfo.fr, 3 janvier 2013.

3. « Ukraine : de la "Révolution orange" à l'"Eurorévolution" », *Courrier international*, 21 février 2014.

une « nationaliste modérée », et une « prorusse ». L'éditorialiste a-t-il repris sans le savoir la théorie poutinienne des « affreux nazis bandéristes de Lviv » et des « nationalistes raisonnables de Kyïv » ? Rétablissons la vérité : cette carte ne repose sur aucune source sérieuse.

Jusqu'au déclenchement de l'invasion à grande échelle, je suis le témoin impuissant de cette foire aux cartes falsifiées de mon pays. Presque vingt ans de ruminements. Il faut attendre la résistance exceptionnelle des Ukrainiens pour que les médias français commencent à remettre en question le dogme de la « fracture », comme dans un article du quotidien *20 Minutes* du 7 octobre 2022, titré « Elon Musk a-t-il raison de dire que la moitié du pays est prorusse ? Prudence ».

Mais les *mea culpa* sont timides, voire inexistants.

À partir de 2014, les idéologues du Kremlin créent une nouvelle chimère : « Le séparatisme du Donbass ». Avant cette date, évoquer un quelconque mouvement séparatiste dans cette région était aussi loufoque que de parler d'une « République populaire ch'tie » en France. Il n'a jamais existé de parti indépendantiste, ni même autonomiste, dans l'est de l'Ukraine. En 1991, alors que la région était bien plus « russifiée » qu'en 2014, près de 83 % de la population a voté en faveur de l'indépendance de l'Ukraine. Les habitants du Donbass ont toujours été de fervents patriotes ukrainiens, peu importe la langue qu'ils utilisent.

Début avril 2014, quelques dizaines d'inconnus pénètrent dans le siège de l'administration régionale de Donetsk[1] et y déclarent une « république populaire ». Les leaders autoproclamés sont des inconnus en Ukraine, même localement. Ils sont issus de deux mondes très différents : du banditisme donetskien[2], pour Denis Pouchiline[3], et du renseignement russe, pour Igor Girkin, *alias* Strelkov.

Malgré l'alliance entre les groupes mafieux locaux et les services secrets d'un pays étranger, les médias français restent sur la théorie de la fracture ukrainienne. Le 12 avril 2014, *Le Figaro* titre : « Kiev passe à l'offensive contre les prorusses dans l'Est », alors qu'il s'agissait de lutter ni plus ni moins contre l'invasion russe qui avait commencé. *Le Point* reprend également le narratif poutinien, en qualifiant les agents russes d'« insurgés prorusses de l'est de l'Ukraine[4] ».

L'objectif ici est simple : qualifier les envahisseurs russes de « séparatistes ukrainiens » permet d'avancer l'idée selon laquelle l'Ukraine serait en proie à une guerre civile et non victime d'une invasion. La Russie

1. « Ukraine : des manifestants prorusses envahissent le siège de l'administration à Donetsk », *Le Monde*, 6 avril 2014.

2. Appelé aussi « Clan de Donetsk », dont plusieurs parrains furent l'ex-président ukrainien Viktor Ianoukovitch ou l'oligarque Rinat Akhmetov.

3. Il gravitera autour du Clan de Donetsk et fera partie du fonds d'investissement russe MMM Global, connu pour ses activités financières frauduleuses.

4. « Ukraine : Kiev en déroute dans l'Est », *Le Point*, 16 avril 2014.

n'y serait donc pour rien. Le narratif russe prend le pas sur les faits.

Ainsi, Europe 1 titre : « Ukraine : le spectre de la guerre civile[1] », et *Les Échos* parlent de « l'est de l'Ukraine figé dans une simili-guerre civile[2] ». Le mot juste et exact, « invasion », n'est que très rarement utilisé, alors que des preuves évidentes sont apportées, comme la capture de soldats de l'armée régulière russe relatée par *Le Monde* fin août 2014[3].

Et même les articles qui démontrent l'implication directe de la Russie, comme celui du quotidien suisse *Le Temps* (« Vladimir Poutine reconnaît l'envoi de militaires russes en Crimée[4] »), sont systématiquement truffés de commentaires favorables au pouvoir russe.

Il faut attendre juin 2015 pour que l'enquête du *New York Times* révèle l'existence des « usines à trolls[5] ». La mission des employés de ces « usines » est simple : multiplier les posts sur les réseaux sociaux pour semer le doute dans les opinions occidentales et promouvoir le narratif prorusse. Malheureusement, la modération de ces commentaires sur les sites français est toujours quasi inexistante.

1. Pauline Haufmann, 6 mai 2014.
2. Yves Bourdillon, 24 mai 2014.
3. Benoît Vitkine, « Les éléments qui accréditent l'intervention de soldats russes en Ukraine », *Le Monde*, 28 août 2014.
4. 17 avril 2014.
5. Un troll est un individu multipliant les commentaires et les provocations en ligne en vue d'alimenter ou de créer une polémique.

À partir de 2019, je remarque l'arrivée d'un nouveau profil de « commentateurs » très actifs. Il s'agit d'Africains, Maliens pour la plupart, qui encensent le pouvoir russe et critiquent l'Ukraine, mais, fait nouveau, la France en prend aussi pour son grade. Son attitude en Afrique serait « impérialiste » et « colonialiste ». Cette recrudescence de critiques est à rapprocher de l'arrivée du groupe militaire et terroriste russe Wagner au Mali, dont le but est d'en chasser la France en commençant par recruter des trolls francophones sur place.

***

Si tout le monde se souvient du lieu où il se trouvait le 11 septembre 2001, mon traumatisme personnel s'est déroulé le 27 février 2014. Ce jour-là, des militaires russes, appelés ironiquement les « petits hommes verts » car sans insigne militaire, prennent d'assaut le Parlement de Crimée. Quelques députés locaux sont pris en otage et « désignent » à huis clos un nouveau président du conseil des ministres de la République autonome de Crimée : Sergueï Aksionov.

Cet homme est un parrain mafieux, connu sous le pseudonyme « Le Gobelin », mais également un chef de parti politique criméen, qui n'a jamais dépassé le seuil des 4 % de voix aux élections. Pourtant, c'est lui qui est choisi par les députés séquestrés pour « représenter le peuple criméen », violant au passage plusieurs articles de la Constitution de l'Ukraine et de la République autonome de Crimée.

La suite est connue de tous. L'armée russe prend le contrôle du territoire et y organise une parodie de référendum pour justifier son annexion illégale. Même si l'immense majorité de la sphère politique et médiatique française en rejettera le résultat, un certain nombre acceptera le « rattachement » de la Crimée à la Russie. À titre d'exemple, citons le leader de La France insoumise, Jean-Luc Mélenchon, qui a dit que « la légalité du référendum en Crimée est secondaire[1] » : sous-entendu, la Crimée serait déjà russe et n'aurait pas besoin de référendum. Comment expliquer une telle indulgence à l'égard de l'annexion ? La réponse est toujours la même : l'infernale machine russe de lavage de cerveaux.

L'un des axiomes de la rhétorique russe serait que « la Crimée a été le cadeau de Khrouchtchev à l'Ukraine » à l'hiver 1954, comme le titre Slate[2]. En réalité, cet argument repris par un grand nombre d'éditorialistes est tout simplement faux. Tout d'abord, l'Ukraine indépendante n'existait pas au moment du « cadeau », puisque le pays était sous occupation de la Russie soviétique depuis 1921[3]. Il ne peut y avoir de « cadeau » si l'Ukraine est prisonnière de son ravisseur.

1. « Ukraine : pour Mélenchon, la légalité du référendum en Crimée est "secondaire" », Francetvinfo.fr, 16 mars 2014.

2. Joshua Keating, « La Crimée, le cadeau de Khrouchtchev à l'Ukraine », Slate, 1er mars 2014.

3. La première indépendance durera de 1917 à 1921.

Mais le détail le plus important, c'est que le premier secrétaire du Parti communiste, Nikita Khrouchtchev, n'avait pas les prérogatives pour décider d'un tel transfert. L'URSS de 1954 n'est plus celle de Staline, qui jouissait d'un pouvoir absolu et illimité. Seul le Præsidium du Soviet suprême[1] peut modifier une frontière au sein de l'Union soviétique, et il le fait d'ailleurs, par le décret du 19 février 1954. Ce détail est technique, mais il est crucial, car il balaie l'idée d'un « cadeau de Khrouchtchev ».

La propagande russe insiste aussi sur l'origine de « Khrouchtchev l'Ukrainien ». Le sous-entendu est évident : le premier secrétaire du Parti aurait été un agent nationaliste ukrainien, qui aurait profité de sa position dominante pour étendre les frontières de son pays d'origine. Mais la ficelle est un peu grosse : Nikita Khrouchtchev était ethniquement russe, sa famille ayant émigré de la Russie vers l'Ukraine, comme de nombreux autres colons. Il est resté toute sa vie un communiste convaincu et a lutté férocement contre la renaissance nationale ukrainienne.

Une question survient alors : pourquoi une bande de technocrates du parti a soudain décidé du transfert administratif de la Crimée à l'Ukraine ? Officiellement, l'opportunité s'est présentée à l'occasion des 300 ans du traité de Pereïaslav[2], qui date de 1654 : un événement

1. Autorité suprême de l'État soviétique, composée de 39 membres.
2. À partir de ce traité, les Russes occupent l'Ukraine cosaque, alors qu'ils ne prévoyaient qu'une alliance.

qui célèbre une « unification » entre deux peuples pour les Russes, tandis que les Ukrainiens l'ont vécu comme une véritable occupation. Les causes de ce changement sont bien plus rationnelles : la Crimée a plus de liens avec l'Ukraine qu'avec la Russie ; rassembler ces deux territoires simplifie la gestion de cette région.

L'argument linguistique et ethnique est également fallacieux. Tout comme dans le Donbass, il n'y a jamais eu de mouvement séparatiste notable avant l'invasion russe. Il est vrai que des manœuvres sécessionnistes ont existé, mais elles ont toutes été l'œuvre de citoyens étrangers, comme l'ancien maire de Moscou Iouri Loujkov[1], ou l'actuel « président de Crimée » Sergueï Aksionov[2].

Ne nous y méprenons pas : c'est la Russie qui a apporté la guerre en Crimée, et non des fantasmagoriques « nazis ukrainiens ».

Malheureusement, les relais de la propagande de Moscou ont toujours accès à la tribune médiatique. Par exemple, *Le Monde* publie en mars 2014 un texte du philosophe Yves Roucaute, intitulé : « La Crimée est russe depuis quatre siècles ! ». Tous les éléments de langage de la propagande poutinienne sont repris par l'auteur afin de justifier l'annexion. Cette tribune serait

1. Dès 2008, l'ancien maire de Moscou remettait en question l'appartenance de la Crimée à l'Ukraine. Voir Annie Daubenton, « La Crimée : presqu'île ou bras armé ? », *Libération*, 4 mars 2014.

2. Sergueï Aksionov a également la nationalité russe, bien que la double nationalité soit interdite en Ukraine.

considérée comme outrageante aujourd'hui, mais, en 2014, elle n'a posé de problèmes à personne.

Dans un autre article du *Monde* paru quelques jours plus tôt et titré : « La Crimée a toujours eu un statut à part en Ukraine », l'auteure Mathilde Gérard tente de nous expliquer les événements de 2014 en reprenant le récit moscovite. Elle écrit que « le rattachement à l'Ukraine est récent [...], puisque cédée en 1954 par Nikita Khrouchtchev, lui-même d'origine ukrainienne [...], la Crimée sera soumise en 1991 à l'autorité de Kiev, avec laquelle elle a peu d'histoire commune ». Cet extrait est un parfait concentré des thèses distillées par la Russie. L'auteure aurait pu préciser que les Criméens ont voté en faveur de l'indépendance de l'Ukraine lors du référendum démocratique de 1991. Résultat étonnant pour un territoire soi-disant « soumis », et qui partagerait « peu d'histoire commune » avec l'Ukraine.

Dans la presse écrite ou audiovisuelle, les interventions reprenant le narratif russe sont décidément nombreuses. Le Kremlin a obtenu le résultat qu'il souhaitait : semer le doute dans l'opinion publique française, et donc chez nos décideurs politiques. La Crimée est-elle réellement ukrainienne ? Doit-on se battre pour Sébastopol ? Doit-on faire respecter le droit international ? Toutes ces questions ne devraient même pas se poser, pourtant elles demeurent omniprésentes dans le débat médiatique.

***

Lorsque la Russie commence à déployer son armée autour de l'Ukraine, en avril 2021, la plupart des « experts » français réfutent l'hypothèse de l'invasion. « La Russie n'a pas forcément intérêt aujourd'hui à la guerre[1] », entend-on souvent sur les plateaux. Ces propos démontrent surtout une profonde méconnaissance de celle-ci, car nos socles de valeurs divergent en tous points.

Alors que l'Occident priorise la croissance et un taux de chômage bas, la Russie, au contraire, calcule sa réussite en fonction du nombre d'âmes et de kilomètres carrés qu'elle possède. Ceux qui s'insurgent contre ce « pacifisme relativiste » sont rares, à l'instar d'Aurélien Duchêne, jeune analyste et essayiste en relations internationales de défense, qui dénonce « l'inévitable invasion de l'Ukraine[2] ».

Lorsque la guerre à grande échelle commence, le ton des commentateurs change radicalement. La Russie devait rester sage, pourtant elle déclenche le feu de l'Apocalypse. Et Kyïv qui devait tomber en trois jours résiste. Les experts qui acceptent de faire leur *mea culpa* se comptent sur les doigts d'une main – la plupart

1. « Dominique de Villepin : "La Russie n'a pas forcément intérêt aujourd'hui à la guerre" », Radio France, 9 février 2022.

2. Aurélien Duchêne, « Ukraine : l'invasion russe n'est pas impensable, elle est inévitable », Aurelien-duchene.fr, 19 février 2022.

se contenteront de faire la girouette. Je peux néanmoins citer le colonel Michel Goya[1] et Xavier Tytelman[2], ancien aviateur et rédacteur en chef d'*Air & Cosmos*, qui feront preuve d'humilité et porteront un regard neuf sur cet événement. Leurs fines analyses sur la situation militaire nous sont précieuses.

Ce n'est pas pour autant que le narratif russe disparaît. De retour de Bakhmut en décembre 2022, j'y suis personnellement confronté lors d'une invitation sur l'antenne de BFM TV. Avant de rentrer sur le plateau, je fais la connaissance de Richard Werly, un célèbre journaliste franco-suisse, présent lui aussi. Je lui demande tout naturellement à quand remonte son dernier séjour en Ukraine, vu que ce sera le thème de la soirée. Sa réponse me surprend : il me dit y être allé du temps de l'URSS.

Durant le direct, j'affirme que « nous irons jusqu'en Crimée ». Comme le dira Zelensky : « La guerre a commencé en Crimée, et elle finira en Crimée. » Mais Richard Werly me reprend tout de suite : « Les Américains ne laisseront pas les Ukrainiens rentrer en Crimée, c'est une ligne rouge pour eux ! » Se rend-il compte que sa phrase aurait pu être prononcée par Dmitri Peskov, le porte-parole du Kremlin ?

En disant cela, il entretient l'idée selon laquelle la Crimée serait définitivement russe et qu'il faut

1. Charlotte Lalanne, « Colonel Michel Goya : "Dans les guerres, y compris en Ukraine, il y a toujours des surprises" », *L'Express*, 24 mars 2022.

2. www.youtube.com/@XavierTytelman.

l'accepter, mais, surtout, il sous-entend que l'Ukraine n'est qu'un pion manipulé par les Américains – une autre thèse récurrente de Moscou.

J'explose intérieurement lorsque j'entends ça, mais on ne me laisse pas répondre. Qui suis-je après tout ? Je ne suis qu'un jeune homme lambda, alors que l'individu assis en face de moi est un journaliste expérimenté, dont l'analyse géopolitique est forcément supérieure à la mienne.

***

Des journalistes courageux qui se rendent sur le terrain, il en existe. L'univers des reporters de guerre, femmes et hommes, est petit. Leur vocation est de nous rapporter les faits dans les zones les plus dangereuses. Souvent invisibles, ils sont pourtant les yeux et les oreilles des principaux médias du monde. Leur présence en nombre est une excellente nouvelle pour l'Ukraine, et un changement radical par rapport à 2014, quand les événements ukrainiens étaient traités par les correspondants à… Moscou. Oui, à l'époque, c'était normal d'informer sur ce qui se passait dans le Donbass et en Crimée depuis la capitale de notre ennemi. Peut-être l'une des raisons expliquant la pénétration du narratif russe en France ?

Sur le terrain, je rencontre plusieurs de ces reporters téméraires. La plupart du temps, il s'agit de leur fournir un contact en vue de réaliser une interview, ou bien de leur soumettre une idée de tournage. Je leur présente

Djihad, qui accepte une entrevue pour France Info[1] et un passage face aux caméras BFM TV[2]. D'autres reportages plus anecdotiques sont préparés, comme celui sur les éboueurs de Bakhmut[3], qui continuent alors de travailler malgré le danger omniprésent.

Au fil du temps, ces journalistes deviennent les témoins directs des souffrances du peuple ukrainien, les spectateurs impuissants des crimes de guerre russes. Tout comme moi, ils resteront hantés par l'horreur de la guerre. Tout comme moi, ils seront transformés à jamais par ce conflit. Tout comme moi, ils laisseront une partie de leur âme sur le front. Et tout comme moi, ils souffriront de quitter le territoire à chaque fin de mission.

Certains y laissent leur vie, comme Frédéric Leclerc-Imhoff, reporter pour BFM TV, tué par un éclat d'obus qui lui tranche net la carotide – comble du cynisme, les organes officiels russes l'accusent d'être un « mercenaire ». Alain Soldin, reporter pour l'AFP, a aussi été mortellement touché par un éclat de roquette Grad. La mort de ces hommes dévoile encore davantage la nature criminelle du régime russe.

---

1. Agathe Mahuet, Laurent Macchietti, « "Je suis comme un renard dans un poulailler" : les confidences d'un sniper ukrainien qui opère dans le Donbass », Francetvinfo.fr, 20 décembre 2022.
2. Benoît Ballet, Caroline Bertolino, « "Je dois les tuer, malheureusement" : dans les pas d'Andriy, sniper et loup solitaire dans l'est de l'Ukraine », BFM TV, 23 janvier 2023.
3. Benoît Ballet, Johan Demarle, « "Il y a des obus tout le temps" : en Ukraine, la collecte de déchets de Bakhmout continue sous les bombes », BFM TV, 9 décembre 2022.

Le professionnalisme de ces journalistes de terrain m'a définitivement réconcilié avec les médias français. Alors que je suis invité sur LCI, la chaîne diffuse le reportage de Morgane Bona[1] et Mélina Huet[2] sur la souffrance psychique des soldats revenus du front. Les larmes me montent aux yeux à la vue de ces hommes que la guerre a brisés. Je me reconnais dans leurs mots. Anaïs Hanquet, Charline Hurel, Benoît Ballet, Agathe Mahuet, Omar Ouahmane, et bien entendu mon cher coauteur, Éric Dussart, sont d'autres exemples de reporters qui ont porté un coup fatal au narratif poutinien.

D'autres correspondants tiennent en revanche des positions plus ambiguës. Liseron Boudoul (TF1-LCI), dont le talent de reporter de guerre n'est plus à démontrer, se trouve du côté russe au moment de l'invasion. Ce n'est en soi pas un problème : Jérôme Garro, qui travaille aussi pour TF1-LCI, couvre également le conflit depuis la Russie, mais lui recontextualise ses interventions et demeure imperméable à la propagande russe – ce qui pourrait, je le crains, le mettre réellement en danger. Chez Liseron Boudoul, le ton est très différent, parfois presque complaisant à l'égard de la Russie. Ce n'est pas la première fois que ses positions lui sont reprochées : la communauté arménienne l'a

1. Reporter indépendante ayant travaillé pour LCI et *Libération*.

2. Reporter indépendante ayant travaillé pour LCI et France 2.

menacée de mort lorsqu'elle couvrait le conflit du côté des Azerbaïdjanais, distillant leur narratif[1].

Le plus problématique, selon moi, reste son engagement auprès de Charles d'Anjou[2], un homme d'affaires français installé à Moscou, fervent partisan de Poutine, et qui a lancé le média d'extrême droite Omerta, ouvertement prorusse et anti-ukrainien. Elle choisira également comme fixeur sur place Erwan Castel, un mercenaire français ayant combattu avec l'armée russe dans le Donbass, et qui est recherché par la justice ukrainienne pour crimes de guerre, comme des milliers d'autres, que l'on peut trouver sur les sites officiels[3].

Alors, à un moment, c'en est trop pour l'Ukraine : Liseron Boudoul est placée sur la liste noire des personnes interdites d'entrée sur le territoire, tout comme le député d'extrême droite Thierry Mariani ou Marine Le Pen. De son côté, elle se défend en avançant que la « presse doit rendre compte de tous les points de vue[4] ». En dépit de ses liens étroits avec des individus peu recommandables, son travail est récompensé en France. Le 13 juillet 2023,

1. Comme le détaillera Reporters sans frontières dans un article titré « Une journaliste auteure d'un reportage sur le conflit au Haut-Karabakh violemment prise à partie en France », RSF, 27 octobre 2020.

2. Liseron Boudoul et Charles d'Anjou écriront ensemble le livre *Marioupol. Sur les routes de l'enfer*, Paris, L'Observatoire, 2022.

3. Antoni Fischetti, « Erwan C., Français et combattant prorusse : "Certains me traitent de fasciste, d'autres de stalinien" », *Charlie Hebdo*, 22 février 2023.

4. Olivier Faye, « La contre-offensive des médias prorusses en France », *Le Monde*, 14 janvier 2023.

elle est nommée chevalier de l'ordre national de la Légion d'honneur. Pour ma part, je n'accorde plus aucun crédit à cette distinction depuis qu'elle a été, en 2006, attribuée à Vladimir Poutine par Jacques Chirac.

***

De mon côté, je continue d'être régulièrement sollicité par les médias français. Ces invitations me font plaisir, car il est important pour moi de défendre mon Ukraine si malmenée au cours de ces dernières années. J'essaie de partager mon expérience et mon ressenti après des mois sur le front, mais il demeure difficile de se livrer en direct, devant des millions d'inconnus. Les seules personnes qui peuvent me comprendre sont restées sur place. Quant à la rémunération, en toute transparence, je ne touche rien. J'y perds même un peu, puisque chaque déplacement à Paris est à ma charge, sans compter la journée de congé que je dois poser.

Enfin, je regrette le manque de diversité des autres Ukrainiens qui viennent sur les plateaux. La plupart sont des femmes qui vivent en France depuis un certain temps, et qui ne sont pas retournées dans notre pays depuis le début de la guerre. Or celui-ci a viscéralement changé depuis le 24 février 2022. Je pense être le seul homme ukrainien qui a connu le front à être invité à m'exprimer. Je me sens horriblement seul et incompris par une partie de la diaspora, qui soutient à distance mais ne vit pas cette guerre.

Parfois, je déplore que chaque prise de village, d'un simple coteau, chaque kilomètre carré de territoire libéré ou perdu soit l'occasion d'une interprétation permanente, et conduise *in fine* à une réévaluation de la situation globale. On ne commente pas la guerre comme un match de football. Lorsque nous reprenons du terrain point un excès d'optimisme qui ne nous aide pas, et lorsque nous en perdons, certains nous exhortent à entamer les négociations.

Je comprends qu'il faille alimenter en permanence la machine médiatique, mais ce temps n'est définitivement pas celui de la guerre. Bien que nous vivions dans une société de l'immédiateté, si dépendante à la dopamine[1], nous devons au contraire faire preuve de patience et savoir prendre davantage de recul vis-à-vis de cet incessant ballet.

1. La dopamine est l'hormone de la « récompense », qui provoque chez l'être humain un état fugace de bien-être.

8

Déjà un an de guerre…

Épuisé par les tumultes de cette guerre et ma mission à Bakhmut, je rentre à Lille fin décembre 2022. Je pose mes sacs dans mon appartement et j'embrasse Élodie… ainsi que son ventre, qui s'est bien arrondi. Quel bonheur de la retrouver.

Nous sortons dans le Vieux-Lille faire quelques courses – j'ai envie d'une bonne pièce de bœuf maturé du boucher Évrard pour fêter mon retour. L'opulence des décorations de Noël qui égaient les rues de la ville m'éblouit. Je ne suis plus habitué à une telle abondance de lumière. Kyïv étant sombre, et chaque habitant, obligé d'économiser l'électricité afin d'éviter le *black-out* total.

De retour chez nous, je fonds en larmes. Impossible de contrôler mes nerfs, le choc du retour a été trop brutal. Élodie me demande ce qu'il se passe, mais comment le lui expliquer ? C'est impossible, personne ne peut comprendre ce que j'ai vécu à Bakhmut.

Qu'on ne se méprenne pas, il ne s'agit pas d'un « trouble de stress post-traumatique », comme j'ai pu le voir chez plusieurs soldats ukrainiens, une maladie qui empoisonne chaque seconde de leur existence. Ce qui m'arrive est un épisode aigu, temporaire, qui est physiologique et courant, après plusieurs semaines sur le front. Le soir même, je dors comme un bébé.

***

Je décide de repartir début février. Élodie est alors enceinte de sept mois – ce sera donc probablement ma dernière rotation avant longtemps. Les Hospitaliers souhaitent que je serve en tant qu'anesthésiste dans leur nouveau bus d'évacuation sanitaire. Celui-ci a été baptisé « L'Autrichienne » en mémoire d'une commandante austro-ukrainienne décédée avec toute son équipe dans un tragique accident impliquant le premier car et un blindé ukrainien en juin 2022.

Après vingt-quatre heures de voyage, j'arrive enfin à Kyïv. Comme à l'accoutumée, je passe saluer des camarades à la base des Hospitaliers. Elle ne se trouve plus dans le monastère Saint-Michel, mais dans une ancienne planque du renseignement militaire à la sortie de la ville.

Officiellement, les Hospitaliers ont déménagé parce que l'Église devait reprendre possession du lieu afin d'y loger les nouveaux prêtres étudiants, les séminaires ayant repris en septembre 2022. Officieusement, la haute autorité orthodoxe a expulsé du monastère Yana Zinkevych, la fondatrice des Hospitaliers, à cause de ses positions féministes et pro-LGBT au sein du Parlement ukrainien. Dommage, j'aimais beaucoup l'ancien QG, qui était bien plus simple d'accès. Rien n'arrête les querelles politiques, pas même la guerre.

***

Le lendemain, je me rends dans la base de la région de Dnipro : c'est de là qu'opère le bus sanitaire. Ce lieu me terrorisait autrefois, mais je m'y sens désormais comme chez moi. La douche collective insalubre me paraît presque confortable, et les odeurs désagréables de certaines pièces ne me dérangent plus. On s'habitue vraiment à tout.

Je suis accueilli par le commandant du bus, un grand brun aux yeux bleus, plutôt élégant, qui s'appelle Sitch[1], comme mon ami décédé. C'est la première fois que je serai sous les ordres d'un homme, ça change. Je repense à tous ces débats en Occident sur le féminisme et l'égalité des sexes, qui, vus d'ici, semblent assez pathétiques. Personne n'a relevé l'inégalité évidente entre les deux sexes en temps de guerre, les hommes de 18 à 60 ans étant interdits de sortie du territoire, tandis que les femmes peuvent toujours circuler comme bon leur semble.

Nous sommes huit membres d'équipage, auxquels il faut ajouter les deux chauffeurs du bus, ainsi que celui

1. En ukrainien, *sitch* signifie « hibou ».

du pick-up qui nous ouvre la route. Nous sommes la vitrine médiatique des Hospitaliers : quoi de plus « vendeur » qu'un immense véhicule évacuant nos héros blessés, dont la devise « Pour le bien de chaque vie » est écrite en gros sur chaque côté ?

En médecine militaire, on fonctionne toujours par binôme chirurgien anesthésiste, mais le chirurgien qui m'accompagne n'en est pas un. Marcus, un grand brun qui doit mesurer deux mètres, est doctorant en biologie, et plus jeune que moi. C'est le deuxième Juif que je rencontre chez les Hospitaliers, alors que le bataillon est considéré comme nazi par les Russes… encore une incohérence dans leur propagande. Ou bien est-il, lui aussi, une « honte du peuple juif », comme l'affirme Poutine[1] au sujet de Volodymyr Zelensky ?

Pour financer ses études, il a travaillé comme aide opératoire pour son père, qui est le chef de service de chirurgie viscérale d'un hôpital de Kharkiv. Lors de l'invasion, la plupart des chirurgiens ont fui tandis que les combats faisaient rage aux portes de la ville. Marcus a alors été rappelé pour assister les rares opérateurs restants, et on l'a promu « interne en chirurgie » afin qu'il soit en règle.

Il est passé d'interne à « chirurgien » à bord de L'Autrichienne. Clairement, ses compétences chirurgico-médicales ne sont pas au rendez-vous, mais, en temps

1. « Guerre en Ukraine : Poutine qualifie Zelensky de "honte pour le peuple juif" », *Le Figaro*, 16 juin 2023.

de guerre, il faut bien trouver du personnel pour effectuer le travail. Alors Marcus, comme beaucoup, apprend « sur le tas » en commettant beaucoup d'erreurs. Mais il a tout mon respect : lui est resté se battre.

Le 24 février 2023 est forcément une date à part dans l'esprit de tous les membres de l'équipage : l'invasion a commencé il y a tout juste un an. Nous n'en parlons presque pas entre nous, n'ayant aucune raison de « fêter » cet « anniversaire ». Au fond de moi, je redoute toutefois une attaque russe d'ampleur, destinée à marquer les esprits. Pourquoi pas une frappe nucléaire ? Mais il ne se passe rien, la journée est au contraire plutôt calme.

***

Dans la base, nous vivons dans le luxe – enfin, pour des combattants. Nous dormons sur des lits superposés dans une grande chambre, avons un accès permanent à l'électricité, à Internet, aux sanitaires, et surtout à un lave-linge. Fini les sous-vêtements qu'on portait trois jours de suite, fini le pantalon boueux et sanguinolent que l'on gardait sur soi durant des semaines entières, fini le lavage à la main au savon : maintenant, j'ai accès au confort. La cantine est ouverte en permanence, plats salés ou sucrés, il y a de tout et à n'importe quelle heure. Je sens que cette rotation va être bien différente.

Je fais la connaissance des trois paramédics de l'équipage. Aucune ne travaille dans le médical, leurs seules connaissances de la médecine de guerre viennent des formations dispensées par les Hospitaliers – et surtout de leur propre expérience sur le terrain.

Les chauffeurs travaillent pour la compagnie de bus qui a fait don de L'Autrichienne – les Hospitaliers ne subsistent d'ailleurs que grâce aux donations. Ils ont la cinquantaine, crânes luisants et ventres proéminents ; ils se ressemblent tant que je ne cesse de les confondre.

Plusieurs mois ont été nécessaires pour transformer l'autocar en bus d'évacuation sanitaire. Trois couchettes médicalisées ont été installées le long de chaque allée, afin de transporter six patients lourds. L'allée de gauche comporte un circuit d'oxygène qui nous permet théoriquement de prendre en charge jusqu'à trois blessés intubés-ventilés. C'est pour cette raison qu'ils ont besoin d'un anesthésiste : il faut gérer les respirateurs artificiels et la sédation. Au fond, quatre places assises ont été aménagées pour des blessés légers. Nous pouvons ainsi évacuer jusqu'à dix combattants par sortie.

Nous avons deux points d'évacuation : l'hôpital de Petropavlivka, dans la région de Dnipro, et celui de Dobropillia, qui se situe 60 kilomètres à l'ouest de Bakhmut. Ces établissements accueillent directement les blessés du PMA et procèdent à des chirurgies dites « de sauvetage », qui permettent de stabiliser définitivement les patients. Lorsque des interventions supplémentaires sont nécessaires, nous les transportons dans des hôpitaux de seconde ligne.

***

La première sortie survient quelques heures après mon arrivée. Sitch envoie un message sur notre groupe commun : « Départ dans trente minutes vers Dobropillia. » Nous finissons notre repas et nous dirigeons vers le bus. Les casques et gilets pare-balles sont dans un rangement à l'arrière du véhicule : *a priori*, nous n'en aurons pas besoin, car nous sommes loin du front. Cette rotation se démarque vraiment des précédentes.

Nous nous arrêtons dans une station-service à la sortie de la ville afin de faire le plein d'essence, mais surtout d'acheter à manger et à boire pour la route. Se rendre à Dobropillia prend deux heures, puis il faut en compter au minimum une pour charger les blessés, trois autres pour être à Dnipro, et enfin une pour rentrer à la base. Si nous ne sommes pas retardés, ce qui n'arrive jamais, notre sortie durera au minimum dix heures. J'achète une bouteille de Pepsi Max au goût de mangue, introuvable en France, ainsi que des barres protéinées à la vanille. Sitch fournit le café pour tout le monde.

Au bout de dix minutes de route, nous sommes obligés de nous arrêter pour retirer d'énormes quantités de boue gelée incrustée dans les roues. Le mélange est presque aussi dur que de la pierre et il risque d'endommager le système de suspension. Nous enlevons, avec marteaux et pieux, morceau par morceau, chaque bout de terre collé. Le travail est interminable ; il commence à neiger. Une fois que nous avons terminé, nous rentrons rapidement dans l'autocar pour nous réchauffer ; mes mains sont glacées.

Nous arrivons tard dans la nuit à l'hôpital militaire de Dobropillia. Tout est calme. Nous rencontrons la responsable au premier étage : « Bonjour les Hospitaliers ! J'ai dix malades pour vous. » Nous entrons dans les chambres et j'examine chacun. Tous ont été blessés par l'artillerie et viennent d'être opérés : amputation traumatique de membre, hémo-pneumothorax, plaie artérielle, traumatisme crânien grave, voici ce qui nous attend.

L'infirmière militaire nous donne le minimum de transmissions possible : « Il a une amputation du bras », ou : « Lui a un traumatisme crânien. » Je suis persuadé qu'elle ne connaît pas bien ses patients et que la prise en charge médicale antérieure a été médiocre. Je regarde les « fiches cent », de petits cartons jaunis datant de l'époque soviétique, censés m'en apprendre davantage sur eux. Évidemment, ces documents ne disent pas tout : il manque l'heure de la dernière injection d'antibiotique, la quantité exacte de solutés injectée, et les constantes, comme la pression artérielle ou la fréquence cardiaque. À nous de deviner !

L'autocar est certes bien aménagé, mais peu ergonomique. Nous devons monter les blessés sur plusieurs marches par l'unique force de nos bras. Quand il faut en porter six, dont plusieurs pèsent plus de 100 kilos, c'est vite épuisant. Et il s'agit ensuite d'emprunter le même chemin pour les descendre quelques heures plus tard. Le mal de dos me guette.

Le trajet est mouvementé. Tous les patients souffrent horriblement lors des transferts. Imaginez-vous secoué dans tous les sens avec le ventre récemment opéré ou la jambe gauche disloquée. Je prépare un sédatif puissant que j'injecte à chaque blessé juste avant de monter : 25 milligrammes de kétamine, 2,5 milligrammes de midazolam et 5 microgrammes de sufentanil. Les doses doivent être strictement respectées. Si rien n'est fait, le malade se met en apnée puis meurt rapidement d'asphyxie. Oui, avoir un « vrai » anesthésiste avec soi est tout de même un avantage.

Dès que les blessés les plus graves sont montés, nous appelons ceux qui peuvent être transportés assis. Tous, sans exception, sortent une cigarette de leur poche et prennent le plus de bouffées possible avant de grimper dans le bus. De vrais addicts.

Pendant le voyage, je relis les « fiches cent » de chacun et essaie de réadapter la thérapeutique défaillante. Je leur donne des antibiotiques qui auraient dû être administrés des heures plus tôt, et je les perfuse avec plusieurs litres de soluté. La plupart ont perdu beaucoup de sang et n'ont pas bu depuis longtemps ; ils sont tous oliguriques[1] et déshydratés. Nombreux sont ceux qui souffrent physiquement, car la prise

1. Diminution de la quantité d'urine émise, conduisant à une insuffisance rénale aiguë, puis chronique.

en charge antalgique a été inexistante après leur passage au PMA.

« Il faut souffrir, c'est la guerre et tu es un homme. Prends sur toi... » J'ai souvent entendu cette phrase de la part de soignants ukrainiens. Les blessés l'ont généralement assimilée et m'assurent qu'ils n'ont pas besoin d'antalgiques alors que le supplice se lit sur leur visage. Ces restes de médecine soviétique archaïque peuvent être très dangereux quand on sait que la douleur aiguë provoque des pics de tension, conduisant à des saignements massifs, puis à des douleurs chroniques pouvant entraîner dépression, addiction, voire le suicide. J'ai du mal à combattre les idées reçues encore très présentes en Ukraine et qui se fondent sur cet ancien adage : « La douleur fait partie du processus de guérison. »

Je passe le trajet à discuter avec ces soldats qui reviennent du front de Soledar et de Bakhmut. Ils sont sales, fatigués, le visage creusé et mal rasés. Leurs treillis sont tachés, boueux et empestent la transpiration et le diesel. Marcus leur pose des sondes urinaires, ce qui aurait dû être fait en amont, lors de leur chirurgie. En retirant leur caleçon, je sens une forte odeur de vieille urine acre qui se dégage de leur verge. Se battre en première ligne n'a rien de désirable. Ici, ce n'est pas Hollywood. Vous ne trouverez pas de sniper musculeux et rasé de près à la Bradley Cooper. Le vrai soldat de première ligne est plus proche de l'animal que de l'homme.

À propos de la stratégie des mercenaires du groupe Wagner, leur récit est toujours le même. Ils envoient vingt à trente hommes attaquer frontalement la première ligne ukrainienne, qui finissent invariablement par être tous tués. Une seconde vague est lancée, puis une troisième, voire une quatrième, si nécessaire. Alors que les premiers assauts sont réalisés par des prisonniers, appelés également *zek*[1], le dernier l'est par les mercenaires bien entraînés. Les soldats ukrainiens, à court de munitions, n'ont pas d'autre option que d'abandonner la première ligne ou de mourir.

Cette politique horriblement coûteuse en vies humaines a permis à l'envahisseur de conquérir la ville de Bakhmut, mètre après mètre. Ce front est d'une violence inouïe : la seule règle est d'éliminer l'ennemi, peu importe comment, peu importe avec quoi. Parler de crimes de guerre ou de convention de Genève n'a aucun sens à Bakhmut et à Soledar. Personne ne fait de prisonniers, les hommes luttent par instinct pour leur survie. Tous les rescapés de cette boucherie partagent le même ressenti tragique.

Pendant le transport, certains recommencent à avoir mal, alors je leur injecte une dose supplémentaire de mon cocktail. Cela fait beaucoup sourire les autres membres de l'équipage, qui me renomment

1. Abréviation russe de « prisonniers du canal », qui étaient les détenus affectés au creusement du canal de la mer Blanche sous Staline. Depuis, le mot *zek* désigne tous les prisonniers.

« Le Barman ». Tant mieux, je préfère ce pseudonyme au « Français ».

***

Vers 2 heures du matin, nous brancardons les blessés dans l'autre sens, et les laissons entre les mains des équipes soignantes de l'hôpital de Dnipro, avec leurs fameuses « fiches cent » et un gros sac-poubelle contenant leurs affaires. Je serre la main de tous ces hommes que je remercie d'avoir combattu pour nous. Ce sont de véritables héros à mes yeux. Avoir été leur médecin est un immense privilège.

Nous revenons à la base vers 3 heures du matin et passons à la cantine puis à la douche, avant d'aller nous reposer. Quelques heures plus tard, nous repartons pour Dobropillia. Sur le chemin, j'offre à Marcus mon stéthoscope Littmann, plus perfectionné que le sien – il est ravi. J'en ai un autre dans ma trousse d'urgence, et, de toute façon, je n'en porte jamais autour du cou, contrairement au cliché du docteur. Je trouve cela encombrant et peu hygiénique.

Pour me remercier, Marcus me donne l'écusson de son ancien équipage. Il est vert foncé, une étoile de vie rouge[1] au milieu, dans laquelle se trouve une tête de chaton blanc aux crocs acérés. En haut figure l'inscription :

1. Étoile à six branches, souvent en référence aux services médicaux d'urgence.

« Un esprit fort, bien qu'un peu fou[1] », et en bas, le nom de leur unité, « Les Chatons Kétaminés ». Ça me correspond bien, je prescris en permanence de la kétamine, un anesthésiant provoquant des hallucinations sensorielles.

Une infirmière de Dobropillia, qui nous connaît bien maintenant, nous accueille chaleureusement : « Bonjour mes petits chatons, comment allez-vous ? Voici vos nouveaux patients. » *Bis repetita* : nous allons voir les blessés, les transférons jusqu'à l'autocar, et prenons en charge la douleur et les oublis thérapeutiques sur la route.

Pour ne pas être empêtré dans le trafic dense de cette fin d'après-midi à Dnipro, le chauffeur allume les gyrophares et crie dans le haut-parleur : « Nous transportons des blessés, des défenseurs de l'Ukraine, rabattez-vous tous à droite, à droite ! » Les automobilistes s'exécutent, et nous arrivons rapidement à l'hôpital. Je ne sais pas si nous avons vraiment l'autorisation de forcer le passage, l'autocar n'étant rattaché à aucune unité militaire. D'ailleurs, nous roulons sans assurance, car aucune compagnie ne souhaite signer un contrat avec un bus qui se rend dans le Donbass. Mais c'est la guerre : nous acceptons consciemment le risque d'être dans l'illégalité, parce que seule la victoire de l'Ukraine compte.

Lorsque nous rentrons à la base, en début de soirée, la fatigue se fait sentir dans toutes les parties de mon corps. Je prends une douche et me couche.

1. « Сильні духом, Слабкі кукухой ».

***

Le lendemain matin, nous sommes de nouveau sur la route et nous arrêtons comme chaque fois à la station-service. Un rituel qui devient invariable au fil des semaines : essence, Pepsi Max mangue, barre protéinée vanille, café allongé. Au bout de quelques sorties, Sitch connaîtra même par cœur la manière dont chacun aime son café !

Le soir, celui-ci décide de nous accorder une journée entière de repos. Les dernières missions, très rapprochées, nous ont épuisés. Travailler en état de fatigue extrême peut conduire à l'accident – surtout les chauffeurs, qui ne sont plus tout jeunes. Le souvenir terrible de celui ayant causé la mort de L'Autrichienne et de son équipe demeure présent dans nos esprits.

Alors nous nous allongeons dans nos lits, nous discutons ; certains ouvrent un livre, d'autres font défiler les pages sur Instagram. Curieusement, nous ne recevons aucun appel du médecin chef du secteur, comme s'il savait que nous sommes en congé ce jour-là. Une autre journée passe, et toujours pas de coup de fil.

Le temps commence à devenir long. On s'occupe comme on peut. Déjà deux jours que nous ne sommes pas sortis. En réalité, les fortes pluies en cours empêchent toute attaque. Donc, forcément, le nombre de blessés baisse drastiquement, et nous sommes au chômage technique.

Je comprends désormais pourquoi les soldats fument tellement. Ce n'est pas tant pour le pic nicotinique que pour tuer le temps. Ça n'y paraît pas, mais l'ennui détruit l'esprit à petit feu et affecte le moral et la combativité de chacun. Fumer permet de sortir de sa léthargie, de bouger un peu, bref, de casser sa routine, le temps d'une clope.

D'ailleurs, une nouvelle mode est née en Ukraine : les cigarettes électroniques jetables, aux très fortes concentrations de nicotine[1]. Nous restons allongés des heures durant à vapoter, tels des sultans fumant leur narguilé. La tête me tourne quand je me lève, et je me dis que j'ai un peu trop tiré sur ma cigarette au goût melon-pastèque. Mais une demi-heure plus tard, l'ennui me pousse à en prendre une autre. Quelquefois, la petite lumière incandescente est ce qui révèle la position d'un homme en pleine nuit, et le conduit à sa perte, abattu par un sniper aguerri.

***

Au cours de la journée, Sitch décide de partir à Kramatorsk afin d'y rencontrer un autre médecin chef. Comme notre secteur est calme, il va tenter de trouver du travail dans une zone où les combats font rage. Le soir, il nous annonce que nous devrons désormais servir deux points d'évacuation supplémentaires : Kramatorsk et Druzhkivka.

1. Alors que les cigarettes électroniques jetables sont limitées à 20 milligrammes/millilitre de nicotine en France, celles vendues en Ukraine ont une concentration de 50 milligrammes/millilitre.

Vers minuit, nous recevons enfin une demande d'évacuation. Alléluia ! Mais, au moment de partir, c'est le drame. L'autocar a été garé sur un terrain couvert de sable fin et, les températures étant redevenues positives, ses roues se sont embourbées. Impossible de le dégager. Plus le chauffeur accélère, plus il s'enfonce dans le sol. Notre pick-up essaye de le tracter, en vain. Un camion-citerne de l'armée ukrainienne arrive à notre rescousse, mais son parechoc avant s'arrache à la première tentative.

Nous restons coincés. Sitch informe de la situation le médecin chef, qui nous promet de nous envoyer un véhicule blindé le lendemain matin. Moralité : ne jamais sous-estimer l'importance de la météo et de la qualité des routes en temps de guerre. Cette erreur nous a coûté un départ… Je n'imagine pas le désastre à l'échelle de plusieurs brigades en pleine contre-offensive !

Les jours se suivent et se ressemblent. On évacue, on passe à la station-service, on peste contre l'incompétence du personnel militaire sanitaire, on vapote, on mange, et on repart, encore et encore. Le travail de nuit trois jours de suite dérègle complètement notre cycle de sommeil. Paradoxalement, ne pas dormir sur de longues périodes entraîne des insomnies ; notre cerveau fourmille de pensées intrusives. Pour rompre le cercle vicieux, j'avale un comprimé de Zopiclone[1] et en donne

1. Médicament apparenté aux benzodiazépines, qui permet d'induire le sommeil.

à ceux qui le souhaitent. Un quart d'heure plus tard, nous dormons tous comme des bébés.

***

Cette rotation n'est pas très stimulante intellectuellement et ne provoque aucune montée d'adrénaline, comme j'ai pu en connaître à Bakhmut ou à Keramik. Le travail est répétitif, fastidieux, et très fatigant sur le long terme. Trois semaines, c'est le maximum que nous puissions tenir avant de devenir fous. Notre tâche est pourtant essentielle au bon fonctionnement du système sanitaire de notre armée.

J'éprouve en revanche toujours autant de fierté à échanger avec nos héros blessés. Leurs récits sont passionnants et si immersifs que j'ai l'impression d'être sur le zéro avec eux. Je me sens misérable et couard, et ne parviens pas à mesurer leur courage.

J'ai vécu la guerre et les bombardements, j'ai pris conscience de la fragilité de notre enveloppe charnelle face au feu des canons. Mais si on m'ordonnait un jour de monter au zéro de Bakhmut, je ne sais pas si j'irais, j'aurais tellement peur.

Il m'arrive de faire des mauvais rêves dans lesquels je suis en première ligne. Je manque de munitions, l'ennemi continue d'avancer malgré ses pertes ; j'essaie de le ralentir, mais le combat est voué à l'échec. Les Russes descendent dans ma tranchée, je me retrouve nez à nez avec à eux. Ils sont sur le point de me tuer, mon existence va toucher à sa fin alors que je désire vivre, plus que tout au monde. Le véritable cauchemar commence lorsqu'ils décident de me torturer, de me mutiler. C'est si horrible que je me réveille et mets une dizaine de minutes à me calmer. Certains cauchemars ont l'air parfois si réels.

Être prisonnier des Russes reste à ce jour ma plus grande peur. S'ils devaient me capturer, mon argumentaire est déjà prêt : « Je suis anesthésiste français, ne me tuez pas, je peux aider les vôtres. » Cela dit, serais-je prêt à trahir les miens pour survivre ? Je ne sais pas. Sitch plaisante en disant que si l'ennemi m'attrape, je deviendrai une bête de foire et passerai sur toutes les chaînes télé des propagandistes du Kremlin.

***

Au bout de vingt jours, notre rotation s'achève enfin. Ramenée au temps long de la guerre à grande échelle, cette période peut paraître courte, mais cette garde de plus de cinq cents heures reste l'épisode le plus éreintant de ma vie, et le confort de la base n'y a rien changé.

Nous effectuons une dernière sortie avec les membres de l'équipage qui nous relaie, afin de leur montrer le fonctionnement de l'autocar. Ça fait du bien de passer la main aux autres et de ne plus avoir à se casser le dos en brancardant.

Avant de rentrer en France, je décide de me faire percer l'oreille gauche, comme Marcus ou Sitch, qui portent une boucle cosaque. Ce dernier m'explique qu'ils sont passés à l'acte l'année précédente, en plein dans les tranchées d'Avdiivka[1]. Les assauts russes étaient si intenses qu'ils pensaient tous ne pas survivre, alors, quitte à mourir, autant imiter nos fiers ancêtres cosaques ! Sans la moindre mesure d'hygiène, ils ont utilisé un cathéter pour se percer l'oreille.

Le symbolisme de leur initiative me plaît. J'achète en ligne un beau bijou en argent, à la forme de croissant de lune orienté vers le haut. Sur la face avant sont gravés deux sabres cosaques qui s'entrechoquent, et sur la face arrière, l'inscription : « Combattez – vous gagnerez, Dieu vous aide ! », célèbre citation du poète ukrainien Taras Chevtchenko. Vu que je ne compte pas m'infecter comme les autres, je me rends dans un salon de piercing de Kyïv. Je dois d'abord porter une boucle d'oreille provisoire, et devrai donc encore attendre un peu avant de ressembler à un cosaque…

***

Nous passons une dernière soirée mémorable, dans un bar d'abord, puis dans l'appartement de Sitch afin de respecter le couvre-feu de 23 heures. L'alcool délie les langues, et chacun raconte son histoire. Leurs récits

1. La ville est dans la banlieue ouest de Donetsk et résiste aux attaques russes depuis 2014. Les nombreuses tentatives d'assaut menées par l'envahisseur depuis 2022 l'ont réduite en cendres.

ressemblent étrangement au mien. Eux aussi ont été projetés dans la guerre en février 2022 alors qu'ils étaient des citoyens ordinaires. Sitch était mycologue[1] et n'avait ni formation militaire, ni connaissances en médecine de combat. Le Koala et Le Hamster, deux de nos paramédics, étaient respectivement chromatographiste[2] et vendeuse de cigarettes électroniques. Ils ne respectent pas les Ukrainiens qui ont fui le combat, ou ceux qui refusent de se battre sous prétexte que « la guerre n'est pas faite pour eux ». Personne n'est bâti pour aller sur le front, personne de sensé ne choisit intentionnellement de prendre le risque de mourir ou de devenir handicapé en s'engageant. C'est une question d'honneur et de devoir.

Je me demande souvent comment la jeunesse ukrainienne peut se montrer si résiliente face à toutes ces épreuves. Une partie de la réponse se trouve dans les terribles années 1990 de notre enfance, une époque méconnue en Occident, qui a pourtant forgé notre résistance. Cette décennie a été désastreuse pour le pays : hyperinflation, absence de salaires, pénurie de nourriture. Il manquait de tout.

Je me rappelle que, avec mes parents, je devais prendre le vieux bus soviétique le vendredi soir, puis marcher des heures, pour me rendre dans la maison de

1. Spécialiste des infections liées aux champignons et aux levures.
2. Technicien spécialisé dans la chromatographie, technique d'analyse des fluides et des matériaux par la lumière.

mes arrière-grands-parents, qui vivaient à la campagne. Nous passions le week-end à les aider dans leur jardin, et repartions le dimanche, chargés des récoltes et des poulets et lapins que nous venions de tuer. Le chemin de retour vers Kyïv était abominable : nous transportions des dizaines de kilos de nourriture à pied, sur plusieurs kilomètres. Mais, au moins, nous avions assez à manger pour la semaine.

Tous les Ukrainiens nés dans les années 1990 sont les survivants de cette décennie terrible. C'est pour cela que nous acceptons la guerre et que nous nous battons sans faillir.

9

Si la France avait cru en nous...

Je me souviens de chaque détail du jour de ma première visite en France avec ma mère. C'était au printemps 1998. J'avais 8 ans et j'étais impressionné par la structure futuriste des immenses échangeurs de l'autoroute à la sortie de l'aéroport de Toulouse-Blagnac. Le bitume était impeccable et nous roulions vite. Ça changeait de l'Ukraine où prendre la route était un supplice. Ma tête se rappelle douloureusement les nids-de-poule le long des chaussées.

Mon premier repas dans l'Hexagone compte aussi parmi mes expériences mémorables. Je découvrais les haricots verts, qui me paraissaient sans grande saveur, mais ce qui m'a le plus choqué, c'est le rôti de bœuf saignant. En Ukraine post-soviétique, il n'existait qu'une cuisson pour la viande : bien cuite. Enfin, la croûte du camembert m'a laissé perplexe.

Je pense m'être bien francisé au fil des années. Je suis désormais un grand amateur de steaks tartares et de fromages à pâte persillée. Mon intégration n'a pas été que culinaire : d'Arseniy, je suis devenu Arsène. D'une pierre deux coups, je me suis à cette occasion « dérussifié », Arseniy étant la forme russe du prénom ukrainien Arsène.

Comme beaucoup d'immigrés, j'ai souffert de troubles de l'identité. Il est impossible de se construire en tant qu'individu sans connaître ses racines. Qui suis-je ? D'où viens-je ? Quel est mon socle de valeurs ? Arrivé en France deux ans après ma mère qui avait quitté l'Ukraine pour raisons économiques, j'ai toujours eu du mal à me définir. Je ne me reconnais pas dans le concept trop générique de « Français d'origine ukrainienne ». La formule « franco-ukrainien » est commode, mais je reste convaincu qu'un individu ne peut être dépositaire que d'une nationalité. Pour moi, ce sont les premières années de sa vie qui déterminent le côté où penchera son cœur.

Le concept d'« Ukrainien (très) francisé » est celui qui me correspond le plus. Bien qu'ayant la nationalité française, je me suis toujours senti comme un invité, ici. Au fond de moi, je ne me suis jamais considéré comme complètement français, bien que mon amour pour le pays soit réel et sincère. J'ai complètement adopté la culture et les mœurs des lieux, en respect avec mes racines ukrainiennes, puisque, tel saint Augustin, à Rome, je fais comme les Romains.

Mes premières années dans l'Hexagone n'ont pas été faciles. Mes camarades de classe ne connaissaient l'Ukraine que par le biais de la catastrophe de Tchernobyl, ce qui était un sujet récurrent de moqueries

– certains diront de racisme. Les années qui ont suivi n'ont pas été meilleures. La plupart du temps, nous étions perçus par les Français comme une sous-ethnie russe sans grande particularité.

Je ne pense pas que les élites françaises étaient plus instruites concernant l'Ukraine. La plupart n'ont commencé à s'intéresser à mon pays que lorsque leurs intérêts économiques ont été menacés, au moment de la première crise gazière de 2005-2006. C'était déjà trop tard : le narratif propagandiste russe avait pénétré l'esprit des gouvernants de l'Hexagone. À partir de ce moment-là, les actions de la France ont souvent affaibli l'Ukraine et enhardi l'appétit expansionniste russe. Vue d'Ukraine, la France sera longtemps accusée d'être trop complaisante à l'égard de Moscou, bien que, paradoxalement, la plupart des Français pensent n'en avoir jamais fait preuve.

***

L'histoire entre nos deux pays est tumultueuse. Déjà, en 1919, la France refusait de reconnaître notre indépendance lors de la conférence de Paris, ce qui a laissé le champ libre à la Russie soviétique pour nous envahir en 1921. Seule la Pologne, redevenue elle aussi indépendante, a aidé la République populaire d'Ukraine face aux Soviétiques, sans succès. Un siècle plus tard, la même histoire cynique s'est répétée avec les mêmes acteurs. Les Français ont oublié la trahison de 1919, mais pas les Ukrainiens, qui ont la mémoire longue.

L'annexion de la Crimée et *de facto* d'une partie du Donbass, en 2014, réveille ce douloureux souvenir d'abandon. La France se montre encore trop timorée à l'égard de la Russie, comme beaucoup de pays occidentaux. Les quelques sanctions diplomatiques et économiques n'ont aucun impact sur la politique extérieure du Kremlin, et nulle arme n'est livrée à l'Ukraine. Une fois de plus, nous sommes seuls.

Un grand nombre de politiques français reprennent les thèses russes à notre détriment. En 2015, Nicolas Sarkozy, alors président de l'UMP[1], se fait le porte-parole officieux de la Russie en affirmant : « La Crimée a choisi la Russie, on ne peut pas le lui reprocher[2]. » Ses positions prorusses ne changent pas en 2023, malgré les preuves des atrocités commises par l'armée. Tout comme Éric Ciotti[3], Luc Ferry[4] ou François Fillon, un grand nombre de leaders de la droite française soutiennent la politique du Kremlin.

1. Union pour un mouvement populaire, ancien nom du parti des Républicains.

2. Benoît Vitkine, « Crise ukrainienne : Nicolas Sarkozy reprend la rhétorique du Kremlin », *Le Monde*, 9 février 2015.

3. Thomas Legrand, « L'"amitié" souhaitée par Ciotti avec la Russie, une rupture avec l'héritage gaullien », *Libération*, 14 novembre 2022.

4. Luc Ferry, « Sur l'Ukraine, Nicolas Sarkozy a largement raison », *Le Figaro*, 30 août 2023.

La gauche connaît aussi son lot d'hésitants et de sceptiques. Quant au Rassemblement national de Marine Le Pen, il est tout acquis à la Russie. *A fortiori* lorsqu'il a déniché à Moscou le prêt de 6 millions d'euros[1] que tout le monde lui refusait en France.

Il serait trop long de lister tous les membres assidus de la tentaculaire sphère prorusse dans l'Hexagone. Il faudrait un livre entier pour cela. Par chance, un tel ouvrage existe : *Les Réseaux du Kremlin en France*[2], publié en 2016 par l'universitaire Cécile Vaissié, un livre bien documenté et sourcé. Six procès bâillons en diffamation ont été intentés contre l'auteure par les agents prorusses qu'elle dénonce, preuve que son ouvrage gênait dans les milieux russophiles français. Un seul a été perdu en 2019 contre le blogueur prorusse Olivier Berruyer[3], les cinq autres plaignants ont été déboutés par la justice.

La force du *lobbying* russe est de servir un discours sur mesure, adapté aux valeurs de chaque cible. Aux partis d'extrême gauche, Poutine affirme « que les Russes ne renient en rien leur passé communiste, et qu'ils chérissent leurs statues de Lénine contrairement aux nazis

1. Un prêt intégralement remboursé par le RN le 19 septembre dernier.

2. Aux éditions Les Petits Matins.

3. Le 14 juin 2019, devant la 17e chambre du tribunal de grande instance de Paris, spécialisée dans les affaires de presse, Cécile Vaissié perd son procès en diffamation contre Olivier Berruyer et sera condamnée, solidairement avec son éditrice, à lui verser 2 000 euros de dommages et intérêts et à payer 2 500 euros de frais de justice.

ukrainiens ». L'extrême droite a droit au narratif de la « Russie blanche et chrétienne en lutte contre l'expansionnisme islamiste et l'immigration de masse ». Aux souverainistes attachés au gaullisme, il rappelle les propos du Général sur « l'Europe de Brest à Vladivostok ». La diaspora africaine[1] est également l'une des cibles de la Russie, face à « la France impériale et coloniale ».

Lorsque l'idéologie ne suffit pas, la cupidité devient le moteur du ralliement… Moscou propose par exemple une place bien rémunérée dans le conseil d'administration d'une société d'hydrocarbures. Finalement, le *lobbying* russe a convaincu chaque groupe par un biais personnalisé, tout comme le fait l'algorithme YouTube dans ses recommandations de vidéos.

Ainsi, plusieurs citoyens français ne sont pas les bienvenus en Ukraine, après avoir remis en question l'intégrité territoriale du pays, comme Gérard Depardieu[2], ou pour s'être rendu illégalement dans le Donbass occupé, à l'image du député européen RN Thierry Mariani[3]. Philippe de Villiers a lui aussi été sanctionné pour avoir souhaité ouvrir un Puy-du-Fou[4] russe en Crimée, ce qui

---

1. Morgane Le Cam, « Ces Africains sur qui Moscou s'appuie pour étendre son influence », *Le Monde*, 28 juillet 2023.

2. « Gérard Depardieu n'est pas le bienvenu en Ukraine », *JDD*, 28 juillet 2015.

3. Lucie Delaporte, Marine Turchi, « La visite controversée de Thierry Mariani dans le Donbass prorusse », Médiapart, 13 novembre 2018.

4. Parc d'attractions traditionnel situé en Vendée, dont le projet a été instauré par Philippe de Villiers.

est un projet illégal selon les lois ukrainiennes, dont l'autorité est reconnue par toutes les institutions internationales. Tous ces prorusses français hyperactifs renvoient en Ukraine une image exécrable de leur pays...

Sa diplomatie n'est pas épargnée par les critiques. Lors des accords de Minsk[1], la France se place en simple « médiatrice », position très mal vécue par les Ukrainiens : nous étions victimes de la Russie, qui bafouait toutes les conventions internationales, nous voulions que la France nous protège, qu'elle soit notre "alliée", et non un simple "médiateur", dans cette affaire de viol territorial. Peu importent les justifications qui seront apportées *a posteriori*, ce positionnement a été vécu comme une véritable injonction de capitulation face aux exigences russes. Nous devions renoncer *de facto* aux zones occupées du Donbass, alors que la question de la Crimée n'était même pas au menu des discussions.

***

Mais tout n'était pas noir. Le 5 août 2015, le président François Hollande a annulé la livraison des deux porte-hélicoptères Mistral destinés à la Russie qui auraient pu servir aux forces russes pour un débarquement de

1. Les accords de Minsk, signés entre l'Ukraine, la Russie, la France, l'Allemagne et les « séparatistes », avaient pour projet de mettre fin à la guerre dans le Donbass.

troupes à Odessa. Néanmoins, malgré l'embargo sur les armes, Moscou a continué à recevoir du matériel français de haute technologie, comme les caméras thermiques Thalès installées sur ses blindés[1]. Fort embarrassé, Thalès s'est justifié en expliquant que les contrats passés avant l'embargo pouvaient être honorés[2]. Mais le mal était fait, l'image de la France était encore plus dégradée dans l'opinion ukrainienne, comme j'ai pu le constater auprès de mes amis sur place.

L'arrivée au pouvoir du président Emmanuel Macron n'y a rien changé. Malgré le piratage des boîtes mails de son équipe de campagne à deux jours du second tour de l'élection de 2017, commandité par le renseignement russe dans l'affaire des MacronLeaks, il convie Poutine au château de Versailles quelques jours seulement après sa victoire, le 29 mai 2017[3]. Cette invitation a été largement critiquée sur les réseaux sociaux ukrainiens. Pour nous, après s'être ainsi ingérée dans la

1. Maxime Sirvins, « Des caméras thermiques françaises utilisées sur des blindés russes en Ukraine », *Politis*, 22 avril 2022.

2. Christel Brigaudeau, Philippe de Poulpiquet, « Guerre en Ukraine : Thales admet avoir fourni l'armée russe en caméras infrarouges jusqu'en 2019 », *Le Parisien*, 30 avril 2022. Cette enquête journalistique nous apprend que la « clause du grand-père », un « aménagement » qui permet de poursuivre l'exécution des contrats signés avant l'embargo, a été respectée. Voir aussi : Élie Guckert, Ariane Lavrilleux, Geoffrey Livolsi, Mathias Destal, « Ukraine : la France a livré des armes à la Russie jusqu'en 2020 », Disclose, 14 mars 2022.

3. Officiellement pour l'inauguration d'une exposition consacrée à Pierre le Grand.

campagne présidentielle française, la Russie aurait dû être condamnée, et non reçue avec les honneurs.

Je n'ai jamais compris le positionnement ambigu du président Macron vis-à-vis de la Russie. Il avait à sa disposition les informations qui démontraient le travail de sape des renseignements russes au sein de la société française. Toutes les preuves étaient devant ses yeux, les rapports de la DGSE posés sur son bureau étaient éloquents, pourtant aucune décision forte n'a été prise, le gouvernement préférant glisser la poussière sous le tapis.

Les tentatives désespérées pour trouver un compromis avant le déclenchement de l'invasion à grande échelle soulignent le manque de lucidité de l'Hexagone, tandis que le Kremlin avait déjà pris sa décision depuis bien longtemps, selon le renseignement américain. De plus, la diplomatie française s'est concentrée sur Poutine, dans de vains efforts en vue d'éviter la guerre, alors qu'aucune aide n'a été apportée à l'Ukraine avant l'invasion.

L'Occident nous considérait sans doute comme une cause perdue, puisque c'était le discours dominant avant février 2022 : l'Ukraine va s'écrouler en quelques jours face à la deuxième armée du monde ; hors de question de lui fournir un armement moderne qui sera capturé et analysé par les services russes.

Comme beaucoup d'Ukrainiens, nous anticipions une guerre sanglante à grande échelle face aux 150 000 Russes stationnés à la frontière, mais nous savions que la plupart d'entre eux n'avaient jamais participé à un conflit, contrairement à nous. Notre force résidait dans les 400 000 vétérans de la guerre du Donbass. Ce sont d'ailleurs eux qui, par leur sacrifice, ont permis de stopper l'invasion des premiers jours.

Jusqu'à l'été 2022, nous n'avons pas reçu d'armes occidentales capables de changer la donne sur le terrain, excepté quelques Javelin[1] livrés au compte-gouttes, les jours précédant l'invasion. Malgré notre manque de munitions et de matériel, un corps de santé des armées en décrépitude et la supériorité supposée des Russes sur tous les plans militaires, le haut degré de professionnalisme de nos hommes a permis d'endiguer l'avancée ennemie sur la plupart des fronts.

Après les premiers succès dans le nord du pays, le discours français a légèrement changé : si l'Ukraine peut résister, une victoire reste néanmoins impossible, la Russie demeurant trop puissante pour être vaincue. Bien entendu, je ne partage pas du tout cette analyse. Les menaces russes de l'utilisation des armes atomiques poussent les Occidentaux à la prudence.

La démission du général Éric Vidaud, le chef du renseignement militaire français en mars 2022, est le symptôme ultime de l'analyse erronée sur la situation en Ukraine. En même temps, cela ne m'a jamais étonné : le renseignement extérieur a essentiellement fait ses armes dans le monde arabo-musulman, au cours

1. Lance-missile antichar américain.

des trente dernières années, délaissant l'Europe de l'Est, ce qui explique en partie toutes les erreurs d'appréciation qu'ont commises les décideurs politiques français.

Quant aux livraisons d'armes, elles sont poussives, lentes, et incomplètes, par rapport aux promesses faites. Alors que les deux belligérants ont basculé en économie de guerre, l'industrie de l'armement française est restée attentiste durant de longs mois : les commandes n'arrivaient pas, et les usines Nexter, productrices d'obus et du canon Caesar[1], n'ont commencé à accélérer leur production qu'en 2023[2] !

Chaque retard de décision n'a fait que prolonger ce conflit, ce qui a causé davantage de victimes ukrainiennes, mais aussi russes. Tandis que le Kremlin a franchi toutes les « lignes rouges » en envahissant l'Ukraine le 24 février 2022, en commettant des crimes de guerre, et en utilisant son arsenal sans restriction, la France refuse toujours à l'hiver 2024 de livrer des chars lourds Leclerc et des Mirage 2000.

***

Au mois de mars 2022, alors que les crimes de Boutcha sont découverts, Emmanuel Macron propose à Poutine d'« aménager une porte de sortie », ce qui

1. Acronyme de « camion équipé d'un système d'artillerie ».
2. « À Bourges, l'usine des canons Caesar prend le virage de l'économie de guerre », *Courrier international*, 24 février 2023.

choque profondément l'opinion publique ukrainienne. On ne négocie pas avec les criminels, on les juge et on les condamne. Comment peut-on espérer bâtir une paix durable entre nos deux pays si les bourreaux restent en liberté ? Les victimes ont le droit à la justice. Les centaines d'Ukrainiennes enfermées dans des caves pendant des semaines, violées quotidiennement et dont beaucoup sont tombées enceintes[1] ont besoin que justice soit faite afin de se reconstruire psychologiquement.

Boutcha a constitué un électrochoc pour la société civile ukrainienne : jamais nous ne pardonnerons ces massacres odieux, nous exigeons réparation. L'immense majorité des Ukrainiens ont compris que le seul choix dont ils disposent est le combat jusqu'à la victoire finale. Négocier ou capituler face aux criminels russes est synonyme de mort. D'ailleurs, il n'y a aucune raison de penser que des centaines de « Boutcha » n'ont pas eu lieu sur les territoires occupés de l'est et du sud de l'Ukraine. Lorsque ces terres seront libérées, je suis convaincu que nous découvrirons d'autres charniers.

En France, les prorusses n'ont pas disparu après la découverte de crimes de guerre. Ils se sont mués en colombes prônant la paix et le cessez-le-feu à tout prix, « afin de sauver un maximum de vies ». Les déclarations émanent de chaque famille politique : Fabien

1. Léna Martin, « Guerre en Ukraine : violées et enceintes… L'horreur de ces très jeunes Ukrainiennes obligées de garder leur enfant », *L'Indépendant*, 27 avril 2022.

Roussel[1], Marine Le Pen[2], Éric Zemmour[3], Éric Ciotti[4], et bien d'autres. Ce pseudo-pacifisme revient à mettre dos à dos les deux parties, comme si la responsabilité était partagée entre l'agresseur et la victime. En réalité, « devenir des ouvriers de paix », comme le déclare Thierry Mariani[5], revient à se soumettre aux exigences des Russes. Dans tous les cas, aucune des deux parties ne souhaite négocier, surtout Moscou qui n'envisage que la capitulation sans conditions de l'Ukraine[6], ce qui est évidemment inacceptable.

Néanmoins, le gouvernement français change progressivement de cap à partir du printemps 2022, en commençant par fournir des armes légères, mais également des casques, des gilets, des rations de combat, et du carburant. Les premiers lots ne comprennent pas d'arme lourde, alors qu'il s'agit de la priorité absolue. Les officiels se justifient en affirmant que « la France aide beaucoup mais préfère ne pas faire de publicité

1. Fabien Roussel, « Ukraine : agir pour la paix, en priorité », Pcf.fr.

2. « Un an de guerre en Ukraine : Marine Le Pen souhaite que la France organise une conférence de paix », BFM TV, 24 février 2023.

3. « Éric Zemmour : “Il faut tout faire pour arrêter la guerre en Ukraine” », Tf1info.fr, 28 septembre 2022.

4. Sonia Mabrouk, « Guerre en Ukraine : Éric Ciotti lance un appel “au dialogue et au retour du dialogue vers la paix” », Europe 1, 12 octobre 2022.

5. Thierry Mariani, « Ukraine : devenons des ouvriers de paix », *Valeurs actuelles*, 2 juin 2022.

6. « La Russie veut la capitulation de l'Ukraine, l'Otan se réunit à Madrid », *Le Point*, 27 juin 2022.

dessus, c'est la traditionnelle timidité française[1] », mais, en réalité, personne n'y croit vraiment. Le pays fournit peu et a du mal à se détacher des scandales de livraison d'armes à la Russie.

Des maladresses sont aussi commises, comme le moment où un ancien ambassadeur s'est félicité d'offrir 100 tonnes de plans de pommes de terre pour « assurer la sécurité alimentaire de l'Ukraine »… Cela a été mal compris chez nous tant le soutien militaire des puissances occidentales est notre priorité absolue.

***

Enfin, les grands groupes français ont donné le coup de grâce à la réputation française. Alors que les multinationales quittent la Russie après l'invasion, nombreuses sont les entreprises hexagonales qui décident au contraire de rester. La plupart justifient la poursuite de leur activité pour des raisons « humanitaires », comme un grand groupe agroalimentaire, qui prétend que son rôle est « d'assurer l'accès des populations à des denrées alimentaires essentielles ».

Or personne n'est dupe, le réel motif est économique, la Russie représentant un marché important qu'ils n'ont pas envie d'abandonner. Certaines accusations vont plus loin, comme celles qui visent le groupe

1. Cécile De Sèze, « Guerre en Ukraine : pourquoi la France est-elle si discrète sur ses livraisons d'armes ? », *20 minutes*, 1er juin 2023.

Mulliez, soupçonné selon un article du *Monde*[1] d'avoir contribué à l'effort de guerre russe[2] par le biais d'Auchan. En effet, selon le site d'investigation The Insider et l'ONG Bellingcat, le groupe aurait livré gratuitement en mars 2022 des marchandises à l'armée de Vladimir Poutine[3]. Le gouvernement ukrainien a plusieurs fois alerté son homologue français à ce propos.

D'autres sociétés du CAC 40 ne sont pas sous le feu des projecteurs et continuent néanmoins à travailler discrètement avec la Russie. En mars 2022, je suis mis en relation avec le directeur technique d'un grand groupe. Sa société souhaite aider l'Ukraine et je lui ai proposé de financer des kits de premiers secours (Ifak), ainsi que des ambulances blindées. Un mail avec les devis lui a été envoyé.

Quelques jours plus tard, il m'appelle pour m'annoncer que le conseil d'administration refuse de soutenir publiquement l'Ukraine : « Vous comprenez, monsieur Sabanieev, nous avons des contrats à honorer avec des oligarques russes qui ne sont pas sous sanction. S'ils apprennent que nous aidons l'Ukraine, nous risquons de perdre ces clients. » Je lui réponds : « Mais il s'agit

1. Lucas Minisini, « Les distributions troubles d'Auchan en Russie », *Le Monde*, 17 février 2023.

2. « Auchan soupçonné d'avoir "contribué à l'effort de guerre russe" par *Le Monde*, la direction "très surprise" », *Capital*, 17 février 2023.

3. « Accusé par *Le Monde* de contribuer à l'effort de guerre russe, Auchan répond », *Le Point*, 17 février 2023.

d'aide humanitaire, pas d'armement ! » Rien à faire, leur décision est irrévocable.

***

La France n'est pas un cas isolé en Europe. Le comportement de l'Allemagne est encore plus frappant. Des années de *lobbying* prorusse dans sa sphère politique ont débouché sur la construction des gazoducs Nord Stream 1 et 2, qui ont rendu le pays totalement dépendant de la Russie sur le plan énergétique. De ce fait, l'Allemagne s'est retrouvée paralysée lorsqu'il s'est agi de prendre des mesures coercitives vis-à-vis du Kremlin. Alors que la Russie bombardait les quartiers résidentiels de Kharkiv et de Tchernihiv avec des FAB 500[1], tuant des centaines de civils, les Allemands réfléchissaient encore à l'envoi de 5 000 casques balistiques à l'Ukraine.

En octobre 2022, l'ex-chancelière, Angela Merkel, a dit « ne regretter absolument pas sa politique énergétique vis-à-vis de la Russie », avançant l'avantage économique de ces accords. « C'était moins cher alors nous avons pactisé avec le diable[2]. » Voilà comment on peut résumer la position de Berlin. Encore aujourd'hui, peu de dirigeants allemands ont fait preuve d'autocritique.

1. Bombe non guidée de 500 kilos.
2. « Angela Merkel "ne regrette absolument pas" sa politique énergétique vis-à-vis de la Russie », BFM TV, 14 octobre 2022.

Cela se ressent dans les livraisons d'armes à l'Ukraine, qui ont longtemps été bloquées, à l'instar des chars lourds Léopard[1] ou des missiles Taurus[2]. Peut-être les responsables politiques du pays sont-ils si réticents à nous aider parce qu'ils espèrent la reprise des livraisons de gaz russe au plus vite ?

***

Je n'ai pas gardé longtemps mon pseudonyme de guerre, « Le Français », qui n'était pas très flatteur sur le front, malgré la livraison des canons Caesar. Je me rappelle que la 503e a reçu en avril 2022 d'anciennes rations de combat de l'armée française. L'un des marines s'est ouvert la main sur plusieurs centimètres en s'attaquant à une boîte de conserve de taboulé, et j'ai dû le recoudre. J'ai eu le droit à quelques petites moqueries ce jour-là : « Eh, Le Français, tu es sûr que ces boîtes n'ont pas été trafiquées pour qu'on perde la guerre ? » Cette blague en disait beaucoup sur l'état d'esprit des militaires ukrainiens : ils ne faisaient pas confiance aux autorités françaises.

Néanmoins, j'ai toujours gardé sur mon gilet pare-balles un écusson bleu, blanc, rouge, avec l'insigne « France », ainsi qu'un drapeau de l'Union européenne.

1. « Pourquoi l'Allemagne refuse toujours de livrer des chars à l'Ukraine », RFI, 22 janvier 2023.

2. « Ukraine : l'Allemagne ne livrera pas de missiles longue portée », *Le Point*, 3 août 2023.

Même si les élites du pays ont commis de lourdes erreurs d'appréciation qui nous coûtent cher aujourd'hui, je me dois de représenter le peuple français qui soutient l'Ukraine. Je reste fier de ce territoire qui m'a tant donné et qui m'a inculqué les valeurs de liberté, d'égalité, et de fraternité. Ce triptyque gravé sur toutes les façades de mairies n'est pas constitué de mots vides de sens pour moi. Il s'agit d'une devise au symbole puissant, résumant notre socle de valeurs républicaines, démocratiques, et universalistes.

L'aide apportée par la société civile française est en revanche largement appréciée. Je ne parle pas ici d'actions émanant d'associations ou d'ONG, mais de démarches individuelles. Certains, comme Xavier Tytelman, ont aidé l'Ukraine en finançant du matériel médical grâce à leur large communauté YouTube, et en publiant régulièrement des vidéos d'analyse sur la situation militaire, afin de continuer à sensibiliser l'opinion française. Son positionnement transparent en faveur de l'Ukraine et l'aide qu'il apporte à la Team Berlioz, un groupe de combattants volontaires français, participent à redorer l'image de la France en Ukraine.

D'autres s'engagent comme moi, en tant que médecins sur le front. Je pense notamment à mon ami Édouard Bonnemain, un interne de médecine d'urgence qui a effectué de nombreuses rotations sur presque tous les théâtres ukrainiens, avec le bataillon des Hospitaliers. Bien qu'il n'ait aucun lien direct avec le pays, il risque sa vie pour la protéger et soigner ses héros. Son engagement est avant tout motivé par l'ardent désir de combattre le régime criminel russe. Tout comme moi, Édouard est passionné de géopolitique et d'histoire, et lui aussi a compris très tôt que le Kremlin ne cherche pas qu'à détruire l'Ukraine, mais qu'il ambitionne de démanteler nos systèmes démocratiques européens.

J'ai aussi fait la connaissance de Français ordinaires à la générosité extraordinaire. La plupart ont peu de moyens, et pourtant tous nous ont fait don de leur temps et de leur argent, dans l'espoir de nous soutenir. Ces anonymes ont une place particulière dans mon cœur. Tous ceux qui m'ont fait une donation, ne serait-ce que de 5 euros, tous ceux qui m'ont cédé du matériel médical pour le front, tous ceux qui m'ont envoyé des messages de soutien sur les réseaux sociaux, tous ceux qui m'ont offert un cadeau pour la naissance de ma fille, je leur en suis reconnaissant à jamais. Sans leurs actions combinées, je n'aurais jamais pu entreprendre mes actions en Ukraine. Sans eux, je ne suis rien.

Il existe aussi des soutiens venus de structures privées et commerciales. LCI a notamment été une aide de poids dans notre lutte contre le régime poutinien. En effet, à partir de mars 2022, la chaîne télé a adopté une ligne éditoriale centrée sur l'Ukraine. Plusieurs intervenants de qualité l'ont rejointe, comme le reporter de guerre Didier François ou le colonel Michel Goya. Avec l'ajout d'équipes de correspondants aguerris constamment présents sur le territoire, un cercle vertueux s'est créé, permettant une diffusion d'informations pertinentes.

Je ne suis pas dupe, le groupe LCI s'est largement investi sur le sujet ukrainien car le format proposé lui permet d'être l'un des champions de l'audimat dans l'information en continu, ce qui a pour conséquence de générer de larges profits. Néanmoins, il faut lui reconnaître que ses émissions ont eu un impact majeur dans la sensibilisation de la société française à la guerre. Les prorusses prennent régulièrement la chaîne pour cible, la qualifiant d'« outil de propagande pro-ukrainienne[1] ».

Bien entendu, ces accusations sont injustifiées, les torts ne peuvent pas être partagés entre les victimes et les bourreaux, et il est sinistre d'essayer de tendre vers l'égalité de temps de parole pour chaque camp. Comme le suggère cette citation généralement attribuée au cinéaste Jean-Luc Godard, iconoclaste et provocateur : « L'objectivité à la télévision, c'est cinq minutes pour Hitler, cinq minutes pour les Juifs. »

***

Il faut reconnaître que la position de la France a évolué dans le bon sens depuis le début de l'invasion à grande échelle. « Le temps n'est plus aux négociations », a enfin avoué le président Emmanuel Macron

1. Djamel Labidi, « Une monstruosité médiatique : LCI », Médiapart, 28 juillet 2023.

en avril 2023. Effectivement, le seul moyen de conclure une paix avec les Russes est une nette victoire ukrainienne sur le champ de bataille. Un diplomate français ira dans ce sens en me confiant que la position actuelle de la France est que « l'Ukraine retrouve la pleine souveraineté territoriale, Crimée incluse ». L'Hexagone tient parole en fournissant des missiles Scalp[1] permettant à l'Ukraine, le 22 septembre 2023, de frapper l'état-major russe de la flotte de la mer Noire à Sébastopol.

Voilà qui clôt le débat sur le devenir de la péninsule. Cependant, l'influence française en Europe centrale et de l'Est demeure affaiblie pour longtemps. Trop d'impairs ont été commis, durant de trop nombreuses années. De longs et pénibles efforts seront nécessaires avant que la France rayonne à nouveau en Ukraine.

La victoire totale de l'Ukraine est dans l'intérêt de la France, car si nous tombons, les prochaines victimes seront les Baltes et les Polonais, et enfin l'Europe occidentale. Je n'invente rien, les propagandistes russes appellent régulièrement à « frapper la France[2] » ou à « bombarder Londres par des missiles[3] ».

---

1. Missile de croisière franco-britannique, la version est baptisée Storm Shadow.

2. Felicia Sideris, « Il appelle à "frapper la France" : Vladimir Soloviev, l'ex-opposant à Poutine devenu propagandiste en chef », Tf1info.fr, 10 janvier 2023.

3. « Un journaliste proche de Vladimir Poutine demande à ce que Londres soit bombardé par les missiles », Cnews, 15 février 2023.

Soutenir de façon inconditionnelle l'Ukraine, c'est investir dans la paix en France. Nous sommes les gardiens de la sécurité de l'Europe, et versons notre sang pour vous. Soyons des alliés pour des générations entières.

10

La guerre m'a changé

Comme beaucoup de mes camarades, j'ai réussi à tenir le coup tout au long de la première année de l'invasion grâce à l'adrénaline que provoquaient l'action et le danger. Il fallait agir vite et travailler sans s'arrêter. Je n'avais pas le temps de penser aux conséquences psychiques de cette guerre. Sous les missiles russes, l'heure n'était pas à l'introspection.

En juillet 2022, alors que je viens de rentrer en France après ma deuxième rotation à Keramik, un premier changement intervient. Ce dimanche-là, je suis au baptême des neveux d'Élodie ; tout se passe bien jusqu'à ce que je sorte de l'église. Un ami de la famille souhaite immortaliser le moment en filmant la scène avec un drone.

Lorsque j'entends le bourdonnement de l'appareil au-dessus de moi, je baisse aussitôt la tête, par réflexe, comme je le faisais sur le front lorsque des tirs retentissaient à proximité. Je n'ai pas de *flash-back* de la guerre et reste calme, mais mes mains commencent à suer et ma fréquence cardiaque augmente, sans que je puisse contrôler quoi que ce soit. Quelques secondes plus tard, tout rentre dans l'ordre. C'était passager, sans conséquence.

À la fin de l'année, le retour de Bakhmut m'est très difficile. C'est la première fois que je pleure en rentrant. Mais là encore, la vie reprend vite son cours.

***

Ce n'est qu'en mars 2023 que je prends pleinement conscience de l'année que je viens de vivre. « Anormalité », c'est le premier mot qui me vient à l'esprit. J'ai vécu une situation hautement anormale durant un an, et accepter cette réalité n'est pas facile. Personne n'est né pour faire la guerre, on ne devient combattant que par l'expérience du front.

En décembre 2022, à Bakhmut, un soldat que je venais de prendre en charge m'a demandé dans quelle unité j'étais engagé. Je lui ai répondu que je n'étais qu'un simple médecin civil au sein des Hospitaliers. « Mais non, tu es un combattant ! Regarde-toi ! » m'a-t-il dit vivement. Il avait raison, j'étais devenu un soldat. Sans m'en rendre compte, j'avais adopté leur façon de parler, de me déplacer, de réfléchir. Effectivement, je suis devenu un combattant, mes frères d'armes me reconnaissent comme tel, et j'en suis fier.

Je sais désormais discerner chaque véhicule blindé ou pièce d'artillerie que je croise. J'ai appris à manier une kalachnikov, à la démonter, la nettoyer, puis la remonter. Je sais reconnaître le calibre de l'obus qui vient de tomber au bruit de l'explosion. Je n'ai maintenant besoin que de trente secondes pour sortir de mon sac de couchage, m'habiller, prendre toutes mes affaires et rejoindre l'ambulance.

J'ai appris à survivre dans une zone de guerre de haute intensité. Peu de situations peuvent me surprendre. J'ai en permanence sur moi tout le matériel dont j'ai besoin ; ma sacoche de jambe et les deux trousses accrochées à mon gilet pare-balles contiennent le nécessaire pour survivre plusieurs jours seul, sans nourriture et sans électricité. Dorénavant, je peux porter un gilet pare-balles plusieurs jours de suite sans l'enlever, et le manque d'hygiène ne me dérange plus. Je ne sens plus la faim, la soif ou la fatigue lorsque je suis dans le Donbass.

Bien sûr, le corps nous envoie des signes d'épuisement, mais le mental reste si fort qu'on tolère le pire. La douleur et la fatigue provoquent la libération continue d'endorphine[1], ce qui, sur le front, nous donne un sentiment de toute-puissance et d'exaltation. Pour les survivants, la guerre devient ainsi une addiction.

Même mon langage s'est « militarisé ». Pour dire que je vais bien et que je suis en sécurité, je réponds par le code de l'armée ukrainienne : « Quatre. Cinq. Zéro[2]. »

1. Hormone du « bonheur », aux effets anxiolytiques et antalgiques, sécrétée durant de longs efforts.

2. Le terme « 4.5.0 » est désormais entré dans le langage commun ukrainien, utilisé même par les équipes marketing de grands groupes pour exprimer le côté sécurisant de leur produit.

Afin de dire que j'ai compris l'information ou que je suis d'accord, je réponds par un simple : « Plus » ou « + ». Je suis précis lorsque je parle de la couleur des camouflages. Désormais, mes vêtements ne sont plus verts ou beiges, mais « olive » ou « coyote ». Et je sais parfaitement discerner une tenue Multicam[1] d'un Pixel[2] ukrainien ou russe. Par ces quelques tics de langage propres aux combattants, je peux instantanément repérer ceux qui sont allés sur le front.

J'ai beaucoup appris de mes frères et sœurs d'armes. Tamara, Le Seigneur, Djihad, et Zorya m'ont donné le savoir nécessaire pour survivre en première ligne. Je leur serai éternellement reconnaissant : sans eux, je serais probablement mort ou lourdement handicapé. Mon apprentissage s'est aussi fait par l'observation des erreurs qu'ont commises les autres… J'ai été le témoin de petits écarts qui ont conduit à des drames. Les règles de sécurité ne s'apprennent pas dans un manuel, ni avec des instructeurs qui n'ont jamais été sur le front. La transmission du savoir par les vétérans est précieuse, encore faut-il les laisser instruire et non les laisser mourir au combat. Djihad m'a dit : « Les premiers à mourir sont les idiots, les seconds sont les patriotes exaltés. Seuls les prudents et les patients survivent, avant que Dieu ne décide de les rappeler à eux. » Apparemment,

1. Camouflage de l'armée américaine, très populaire en Ukraine.
2. Les camouflages de l'armée ukrainienne et russe sont tous les deux dits « pixels », bien qu'ils soient différents.

Dieu souhaite qu'il poursuive son œuvre dans ce bas monde.

Mes réminiscences de la guerre restent rares, fort heureusement. Mon dernier souvenir remonte à juillet 2023, pendant les émeutes en France. Dans la nuit, un hélicoptère de la police survolait Lille, ce qui m'a immédiatement replongé au milieu du front. Cette fois-ci, pas de stress ni de tachycardie, juste les souvenirs qui sont remontés par vagues successives, encore et encore. Même mon quotidien paisible en France me ramène souvent en Ukraine, comme si j'avais laissé une partie de mon âme dans le Donbass.

Ce mal-être incompréhensible, ces pensées intrusives, tous ceux qui ont passé beaucoup de temps sur le front en sont victimes. « Le mal du Donbass » n'épargne personne, combattants, humanitaires, reporters de guerre. Bon nombre de journalistes avec qui j'ai pu travailler sont revenus fragilisés d'Ukraine.

Mon ami Moshé revoit encore le visage du Russe à qui il a dû ôter la vie, alors qu'il tentait de fuir Donetsk en 2015. Ce soldat lui a barré la route et l'a braqué avec une kalachnikov. Sa seule chance de survie était de lui rouler dessus, sans quoi il aurait été inévitablement abattu, dans la mesure où il appartenait au bataillon Aïdar. Ce souvenir hante Moshé aujourd'hui. C'est ainsi, l'anormalité change l'esprit humain à jamais.

***

À l'extérieur, je suis resté le même. La famille, les amis, le travail, peu de choses de mon quotidien ont changé depuis l'invasion à grande échelle, même si je dois désormais renvoyer une image différente de moi. Toutefois, l'accumulation de responsabilités en lien avec l'Ukraine pèse lourdement sur le long terme. Les Russes me privent du temps que je pourrais passer avec Élodie et ma petite Léonora, ou avec mes amis. Ils m'empêchent de lire et de me rendre à la salle de sport autant que je le voudrais. L'adrénaline du début n'est plus aussi efficace et je m'épuise. La guerre contre la Russie est à la fois un sprint et un marathon que je m'efforce de tenir comme je peux. Cet effort constant tue à petit feu.

Élodie a toujours été présente pour me soutenir. Elle subit également les effets néfastes de l'invasion, par mes absences répétées et le stress que cela génère, mais aussi par mon implication quotidienne pour la cause. Il ne se passe pas une journée sans que je lui parle de ce conflit. Je m'en veux beaucoup de lui faire subir cette épreuve, je sais que je gâche une partie de sa vie en m'engageant pour l'Ukraine. Je suis un piètre compagnon, tous mes défauts sont accentués depuis février 2022, et les efforts que je fais sont insuffisants pour la rendre pleinement heureuse. La guerre est une épreuve dans notre existence de couple.

Tout comme moi, elle vit très mal le fait de mettre en pause notre relation le temps des rotations. Mon retour après de longues semaines d'absence n'est pas facile non plus, elle doit se réhabituer à ma présence dans l'appartement. Elle ne s'en est jamais plainte, bien que je me doute que l'épreuve doit être terriblement difficile. Tout comme moi, elle souhaiterait passer à autre chose, mais c'est impossible tant que la Russie impérialiste existera.

En Ukraine, les femmes de combattants se retrouvent pour se soutenir ; ici, Élodie est seule avec sa souffrance. Aucun de ses proches ne peut comprendre sa situation unique. Mais elle demeure forte et déterminée, et a toujours soutenu mes décisions, même si cela signifie perdre le père de son enfant. Elle est la personne la plus courageuse que je connaisse, et c'est pour cela que je l'aime.

***

En revanche, mon estime pour le peuple russe a encore diminué depuis ce 22 février 2022. J'espérais au fond de moi un soulèvement, une rébellion à Moscou, qui mette aussitôt fin à cette « opération spéciale ». Comment les Russes pourraient-ils tolérer l'invasion d'un « peuple frère » ? Mais il n'en a rien été, l'immense majorité d'entre eux soutenant Poutine. Même si le servage a été aboli en 1861, ils sont restés foncièrement soumis aux désirs de leurs maîtres.

La journaliste et militante des droits de l'homme russe Anna Politkovskaïa a été assassinée à Moscou le 7 octobre 2006 par des hommes de main de Ramzan

Kadyrov, le dirigeant tchétchène, pour avoir mené trop loin ses enquêtes sur les crimes durant les guerres de Tchétchénie. Elle avait parfaitement cerné la mentalité d'esclave de son peuple. Dans son ouvrage, *Tchétchénie. Le déshonneur russe*[1], elle écrivait : « Notre pays a un passé marqué par une profonde servilité ; tout le monde a l'habitude de s'aligner sur le tsar, notre père. Tout ce que dit, fait, sous-entend le chef sert de repère quant au comportement à adopter, quant aux idoles à adorer. Tel est notre pays. L'esclavage est notre fatalité. Mais aussi notre fétiche. Nous aimons être des esclaves. La "majorité écrasante" rêve de cela, comme de la forme la plus commode de l'existence[2]. »

Je n'ai pas de haine envers eux, mais j'ai, je l'avoue, une forte soif de vengeance. Que leurs villes brûlent comme les nôtres ! Que leur sommeil ne soit fait que de cauchemars ! Qu'ils comprennent ce que le peuple ukrainien endure.

Mais, attention, je ne vise pas tous les Russes. Je ne soutiens pas l'adage populaire ukrainien selon lequel « un bon Russe est un Russe mort[3] ». Il en existe de bons, effectivement, comme tous ceux qui se battent contre le régime de Poutine au péril de leur vie. Plusieurs unités de « Russes » combattent leurs compatriotes, comme la

1. Paris, Buchet-Chastel, 2003.

2. Élise Racque, « Anna Politkovskaïa : raconter la souffrance humaine jusqu'à en perdre la vie, sur France Culture », *Télérama*, 14 novembre 2022.

3. Remplacé depuis par sa version moderne : « Un bon Russe est un Russe que l'on voit dans sa lunette de fusil. »

légion « Liberté de la Russie » ou encore le « Bataillon Sibérien » (composé des minorités bouriates et iakoutes qui se battent dans une « logique décoloniale ») et le « Corps des volontaires russes ».

Il existe même des bataillons de Tchétchènes intégrés dans notre armée, comme « Djokhar Doudaïev[1] », dont l'objectif est de libérer la Tchétchénie de l'occupation. D'autres nous aident sur le plan humanitaire, telle mon amie anesthésiste Tatyana, une Russe d'Ouzbékistan vivant désormais en France.

Il y a une troisième catégorie de Russes, ceux qui se disent « neutres », qui « souhaitent la paix », et qui ont massivement fui leur pays en septembre 2022, lorsque Poutine a déclaré la mobilisation partielle.

Je vais être franc : la neutralité n'a pas sa place dans ce conflit. De la part des Russes, nous n'acceptons que la capitulation sans conditions.

***

Comme je l'ai dit à plusieurs reprises, le combat est aussi addictif que l'héroïne, à condition d'en revenir en un seul morceau. Nous avons tous besoin de notre dose ! Nous savons pertinemment le risque que cela implique, néanmoins nous choisissons d'y retourner en notre âme et conscience – les raisons sont multiples.

1. Premier président de la Tchétchénie indépendante, élu en 1991.

La camaraderie du front est l'un des sentiments les plus puissants que j'aie pu ressentir au cours de ma vie. Il suffit de quelques jours sur place pour créer une amitié solide et durable dans le temps. Je n'ai été en compagnie de Zlat et du Seigneur que quelques semaines, pourtant nous continuons à nous appeler régulièrement comme le feraient des amis d'enfance.

J'ai compris que l'intensité définit la force d'une amitié, et non la durée. Ce puissant lien naît de notre expérience commune de la guerre. Ceux qui n'ont pas connu le front ukrainien ne nous comprendront jamais, et il demeure impossible de leur expliquer notre ressenti, nos expériences. Sans mes frères d'armes, je resterais seul à ruminer mes pensées. Rester en contact avec eux participe à ma thérapie de réinsertion dans la vie normale.

Lorsqu'on me donne la parole sur un plateau télévisé, j'essaie constamment d'apporter de l'humain en racontant la vie sur le front, mais je suis frustré. Il est si difficile de mettre des mots sur le déluge émotionnel que provoque la guerre. Malheureusement, la parole donnée aux soldats se fait rare, seuls les généraux à la retraite se font les porte-voix des combattants, mais comment peuvent-ils nous comprendre si, depuis bien longtemps, ils n'ont connu que le confort des quartiers généraux ?

En revanche, ma médiatisation me met parfois mal à l'aise. Je serai toujours accueilli avec un immense respect par les médias français, que cela soit LCI, France Info TV ou *La Voix du Nord*, mais je n'ai connu le front que quelques mois. Qui suis-je pour parler de ce conflit ? J'ai parfois le sentiment d'être un imposteur, lorsque je m'exprime sur mon expérience, alors que les véritables héros sont en première ligne face à l'ennemi depuis des années. Je n'ai connu le combat que par le prisme de la médecine de guerre, mais que sais-je des épreuves subies par le soldat du zéro, ou le prisonnier de guerre torturé dans les geôles russes ? Mon expérience du domaine est si mince, j'en sais si peu.

En France, je culpabilise d'être confortablement assis chez moi pendant que mes camarades souffrent sur le front. Partir en vacances à l'étranger est devenu difficile, car je comprends que je suis un privilégié, mes camarades ne pouvant quitter l'Ukraine. La culpabilité concerne aussi mes dépenses, car chaque euro que je n'investis pas pour le pays est un euro qui ne contribue pas à l'effort de guerre. Je me sens parfois misérable, dans mon costume de consommateur occidental. Je me rassure comme je peux en me disant que je continue de parler au nom de tous mes frères d'armes restés là-bas, que j'accomplis mon devoir de sensibilisation afin qu'on ne les oublie pas, comme on les a oubliés en 2014.

Néanmoins, c'est la triste réalité, je ne suis qu'un grain de sable insignifiant dans la machine de guerre, mon rôle dans la victoire sera négligeable. Si je meurs demain, le peuple ukrainien continuera d'exister comme si je n'avais jamais été de ce monde.

***

Même si la vie sur le front reste spartiate et dangereuse, j'ai savouré chaque instant avec mes frères d'armes. L'adaptation au manque de confort ne prend que quelques jours, et dormir à même le sol devient presque agréable après une dure journée de travail. Je me souviens du moment où nous avons été forcés de quitter notre maison, à Keramik, en pleine nuit à la suite d'un bombardement. Tamara a rapidement trouvé une autre habitation abandonnée dans un village voisin moins exposé.

Après avoir forcé la porte et nous être assurés que le lieu était sécurisé, il nous fallait vérifier l'état de la cave du jardin. En effet, la priorité était de nous trouver un abri antibombe, et le garde-manger de cette maison allait parfaitement faire l'affaire, la cave étant suffisamment profonde pour nous protéger. Toutefois, elle débordait de centaines de lourds bocaux de verre remplis de légumes fermentés. Il a donc fallu tous les sortir en pleine nuit, ce qui nous a pris plus d'une heure.

J'étais épuisé par la journée, je transpirais abondamment sous mon gilet pare-balles et mes jambes me faisaient souffrir. Mais, au moins, il y avait désormais assez de place pour nous accueillir. Dehors, les bombardements se sont à nouveau rapprochés, alors nous avons décidé de passer la nuit dans la cave. Pour ne pas nous asseoir sur la terre humide, nous avons descendu des chaises et posé un tapis persan récupéré dans le salon de la maison. Max, notre chauffeur, a sorti de son sac un bout de pain, du fromage, et du saucisson, qu'il a coupés pour en faire des petits canapés.

C'était notre modeste repas du soir, à quatre mètres de profondeur, dans une minuscule cave humide et froide du Donbass, secouée en permanence par les tremblements des obus russes, mais je garde un souvenir exceptionnel de ce moment, comme de tant d'autres. Ces instants sont émotionnellement forts, ils permettent de créer une puissante cohésion de groupe.

À l'exception des combattants souffrant de stress post-traumatique, je n'ai connu que des hommes et des femmes heureux sur le front. Le cinéma hollywoodien nous renvoie souvent une image mélancolique et dépressive où chaque acteur est en proie à des dilemmes moraux. Il n'y a rien de plus faux. La vie n'est pas triste et morne à la guerre, bien au contraire. Les problèmes insignifiants du quotidien n'existent plus ici, on se recentre sur l'essentiel qui fait notre humanité : on rit beaucoup, on partage des moments de convivialité, on s'entraide, et on se soutient. Les conflits personnels sont exceptionnels et s'ils éclatent, ils sont aussitôt résolus par une accolade fraternelle.

Zorya m'a dit une fois : « Si je suis venue faire la guerre, c'est pour le fun, je ne suis pas là pour broyer du noir. » À sa manière, elle me faisait comprendre que la plainte n'avait pas sa place ici, et qu'il fallait profiter de chaque instant de la vie, encore plus sur le zéro. Et c'est ce que j'ai toujours fait. Je ne me suis jamais senti aussi vivant que dans le Donbass.

Même les moments les plus tragiques sont pris avec le sourire à la guerre. À Bakhmut, nous venons de recevoir un soldat dont les deux jambes ont été arrachées par un obus. Vova, le chirurgien, lui demande s'il est marié, ce à quoi le soldat lui répond par l'affirmative. « Tu n'as vraiment pas de chance mon pauvre, tu vas devoir supporter ta femme en fauteuil roulant le reste de ta vie ! » Tout le monde s'est mis à rire, même le soldat amputé. Cette blague de mauvais goût serait inimaginable dans un hôpital civil, mais dans ce contexte, elle sous-entend que l'homme, bien que lourdement blessé, est désormais sauf et pourra retourner auprès de sa famille. Il peut s'estimer heureux de n'avoir perdu que ses jambes. Vivre, il n'y a que cela qui compte.

***

On m'a souvent questionné sur le rapport entre les hommes et les femmes, et plus globalement sur la sexualité au front. La réponse est simple : en mission, tout désir disparaît. Notre esprit se focalise sur la survie, la zone du cerveau qui régule la libido s'inhibe lorsque notre vie est en jeu. Sur place, il n'existe donc aucune séparation entre hommes et femmes, nous sommes ensemble jour et nuit et la notion de pudeur n'existe plus, nous sommes tous des combattants, peu importe notre sexe.

Il faut ajouter à cela notre hygiène déplorable et la fatigue qui nous plonge dans un état second, ce qui ne laisse aucune place au flirt ou au romantisme. À la fin de chaque rotation, Tamara retrouvait son petit ami, alors engagé dans les forces spéciales et travaillant à quelques dizaines de kilomètres de nous. Leur rencontre ne durait jamais plus d'une heure et se résumait au partage d'un thé avec quelques biscuits.

Pour cette raison, les Hospitaliers déconseillent aux couples de partir ensemble en mission, cela crée souvent des dissensions liées au changement de statut. Zorya et Wilson ont dû mettre leur vie de couple de côté le temps de la rotation. Cela n'a pas été facile pour eux et a entraîné de nombreuses disputes qui ont nui à tout l'équipage. Wilson a mal accepté que sa compagne devienne notre commandante et qu'ils n'aient plus aucune intimité.

En revanche, lorsque les hommes rentrent à l'arrière se reposer quelques jours, il n'est pas rare que certains s'offrent les services de prostituées. L'histoire militaire est riche de ces pratiques, à l'instar des « bordels militaires de campagne » de l'armée française du siècle dernier. L'Ukraine ne déroge pas à cela ; dans le Donbass, Kramatorsk est d'ailleurs bien réputée.

Malgré tout, l'absence de la famille pèse souvent sur le moral des hommes. Ceux qui n'ont pas revu leur femme et leurs enfants depuis des mois en souffrent discrètement. L'immense majorité des combattants ont la possibilité de retrouver leurs proches le temps d'une relève, mais certains spécialistes en sous-effectif, comme les médecins, ne peuvent qu'exceptionnellement quitter le front. Ils acceptent avec fatalité cette situation malgré la douleur que cela entraîne. Ils savent que, sans eux, le front ne tiendrait pas.

***

Moi aussi, j'ai appris ce qu'est avoir une famille, le 4 mai 2023, lorsque ma fille Léonora est née. Je ne m'attendais pas à un tel choc émotionnel. Je n'ai jamais porté d'intérêt aux enfants des autres, et pour être totalement franc, les conversations des parents à propos de leur progéniture m'ont toujours ennuyé. J'ai longtemps pensé que je ne serais jamais père ; je n'y voyais que perte de liberté et d'argent, et en prime une fatigue chronique et une responsabilité accrue. Il faut être masochiste pour désirer un enfant, non ? Mais j'ai appris une chose : on ne comprend le bonheur d'être parent que lorsqu'on le devient.

Pour cela, il faut bien entendu la bonne partenaire, et j'ai eu la chance inestimable de trouver la meilleure mère qui soit, Élodie. Et idéalement, il faut au préalable réfléchir au sens de la parentalité, on ne conçoit pas d'enfant sur un malentendu ou pour essayer de sauver un couple. J'ai alors cessé d'écouter les plaintifs pour me concentrer sur les parents heureux. Leur bonheur, je l'ai découvert à l'instant où j'ai pu prendre ma fille dans mes bras pour la première fois. Ce sentiment d'amour intense est indescriptible, il est viscéral et dissimulé en nous jusqu'au moment de la naissance. Devenir parent nous complète et nous en apprend davantage sur nous-même.

Une question fondamentale m'est posée aujourd'hui : la vie sur le front et la paternité sont-ils compatibles ? Par instinct, la réponse de la plupart de mes proches en France serait non. Pour certains, je suis devenu irresponsable et égoïste lorsque j'ai continué à me rendre en Ukraine alors qu'Élodie était enceinte. Pensent-ils vraiment qu'il n'y a que des célibataires sans enfant qui partent combattre ? Bien sûr que non. Quand la guerre frappe à notre porte, tous les patriotes doivent répondre à l'appel du devoir. Peu importe que l'on soit parent, peu importe que l'on soit en mauvaise condition physique, peu importe notre excuse, il faut se lever et agir pour éviter que nos enfants aient à combattre à leur tour.

C'est pour ses deux fils que Djihad continue de traquer les Russes dans sa lunette de sniper. C'est pour son fils malade que Le Seigneur a rejoint les Hospitaliers. Et c'est pour ma fille que je dois poursuivre la lutte.

11

Jusqu'à la victoire finale

Comme si une guerre pouvait se programmer, les Occidentaux, à l'image des parieurs sportifs, se veulent malheureusement trop visionnaires quant à l'issue de ce conflit.

À mesure que l'intérêt pour la bataille de Bakhmut[1] s'effrite, l'idée d'une « contre-offensive » commence à se diffuser dans les médias au début de l'hiver 2022. Chaque jour apporte son lot d'articles et d'analyses spéculatives sur la date et les zones présumées. On l'annonce pour le printemps, au plus tard pour le début de l'été, et on assure qu'elle aura lieu dans le Sud avec l'objectif de scinder l'armée russe en deux.

Face à cette surenchère médiatique, les autorités ukrainiennes sont forcées de communiquer, et Kyïv finit par admettre que des plans visant à libérer les territoires occupés existent, sans toutefois donner de date précise. Le scénario est donc tout tracé selon nos commentateurs

1. La bataille de Bakhmut a commencé en juin 2022 et s'est terminée en avril 2023.

habituels. Mais c'est bien mal connaître la situation sur place.

Dès avril 2023, j'explique dans les médias que l'Ukraine n'est pas prête à lancer une contre-attaque. Je suis l'un des rares à tenir ces propos peu optimistes, mais réalistes selon moi. Les intervenantes ukrainiennes ne me soutiennent pas et, à la moindre occasion, prophétisent une percée dès mai 2023. Je connais la plupart d'entre elles, ce sont des femmes formidables engagées corps et âme pour notre cause. Néanmoins, l'excès de zèle de certaines ne nous aide pas. Il peut même nous discréditer dans les moments les plus difficiles.

Que peut-on savoir de l'état de notre armée sans avoir jamais connu le front ? Les informations sur le terrain deviennent obsolètes en l'espace de quelques semaines, voire de quelques jours. Il faut être sur place pour avoir un aperçu de la vérité, d'où l'importance des reporters de guerre. C'est pour cette raison que les détails de mes rotations ne me sont communiqués que deux ou trois jours avant le départ.

D'ailleurs, d'un point de vue sémantique, il est incorrect de parler de « contre-attaque » pour désigner un assaut contre des positions défensives. Une contre-attaque est la réponse à une « attaque » sur le plan tactique[1], comme j'ai pu en être témoin à Bakhmut en

1. Nous avons souvent tendance à confondre « tactique » et « stratégie » : la stratégie est le plan d'action global visant à accomplir un objectif prédéfini, alors que la tactique regroupe les étapes visant

novembre-décembre 2022 : le groupe Wagner lance une offensive, puis, le lendemain, une brigade ukrainienne contre-attaque en vue de bloquer la progression ennemie. Ainsi, il est plus correct de parler d'« offensive » ukrainienne dans le Sud.

J'ai constaté de mes yeux l'état de nos forces armées, je suis donc pleinement conscient de nos faiblesses actuelles. L'histoire nous l'a appris, bâtir une armée d'excellence prend des années, et une guerre ne peut être gagnée que si les hommes sont suffisamment entraînés et équipés. Comment le 503e bataillon peut-il espérer redevenir l'élite qu'il était alors que 80 % de ses recrues ont été engagées en avril 2022 ? C'est humainement impossible. Sans formation ni expérience, l'équipement militaire le plus récent doté de la meilleure technologie ne sert à rien. Sans des hommes bien entraînés, un char Léopard 2[1] n'est guère plus qu'un imposant mais fragile amas de ferraille.

***

En France, on m'a souvent demandé : « Comment peut-on aider l'Ukraine ? » Ma réponse est toujours la même : formez les Ukrainiens, puis donnez-leur des armes. Les guerres industrielles et massives n'ont

---

à accomplir cet objectif. Ainsi, une victoire « stratégique » a bien plus d'impact qu'une victoire « tactique ».

1. Char lourd allemand, dont plusieurs centaines ont été données à l'Ukraine.

plus cours au XXIe siècle. Le temps où l'on jetait dans la mêlée des centaines de milliers d'hommes en première ligne est dépassé, sauf pour les mercenaires de Wagner ou les unités de prisonniers « Storm Z » de l'armée russe. La ressource la plus précieuse de notre époque est l'intelligence humaine. Nous devons bénéficier des meilleurs spécialistes, atteindre le plus haut niveau de professionnalisme pour espérer gagner ce conflit.

L'expérience des deux premiers mois va dans ce sens. Au début de l'invasion à grande échelle, nous étions dépourvus de canons Caesar, de véhicules blindés Bradley, de chars lourds Léopard, d'avions de combat F-16. Nous nous battions sans matériel occidental, pourtant nos principaux succès sont advenus à ce moment précis. Comment expliquer cela ? Bien évidemment, nous pouvons pointer les erreurs des Russes et nous moquer d'eux, mais cette approche ne me convainc qu'à moitié. N'oublions pas que Moscou bénéficiait de l'effet de surprise et a déployé l'élite de son armée, sans compter sa nette supériorité matérielle. Le rapport de force était clairement en notre défaveur : on annonçait un duel à la David contre Goliath. Mais les connaisseurs de l'histoire savent qui a triomphé…

Avant l'invasion à grande échelle, je pronostiquais la défaite russe sur plusieurs groupes Facebook franco-ukrainiens, en mettant en avant la plus précieuse de nos ressources : nos 400 000 vétérans du Donbass[1]. Les huit années de guerre ainsi que les formations dispensées par nos partenaires occidentaux nous ont permis de créer l'une des armées les plus puissantes au monde. Certes, nous n'avions pas les ressources matérielles de nos ambitions, mais nous avions probablement les combattants les plus aguerris. Au passage, nous redoutons les coriaces miliciens des « républiques séparatistes », bien plus que les soldats contractuels russes – eux aussi ont beaucoup appris en huit ans.

C'est pour cette raison que je n'ai jamais pris au sérieux le site GlobalFirePower[2], qui propose un classement annuel des puissances militaires. Sa méthodologie est discutable dans la mesure où il ne prend en compte que l'équipement militaire et l'économie de chaque pays. Or, le niveau de professionnalisme des soldats n'est pas quantifiable, alors qu'il est le principal critère pour définir la vraie puissance d'une armée.

L'influence de ce site est bien plus importante qu'on ne l'imagine, puisque beaucoup d'analystes militaires se sont servis de ces données pour pronostiquer la défaire cuisante de l'Ukraine en quelques jours. Au début de l'invasion à grande échelle, le pays était désigné vingt-cinquième armée au monde, et la Russie, deuxième derrière les États-Unis. Sur le papier, nous

1. Clara Marchaud, « Ukraine : confidences de soldats abîmés pas la guerre », *L'Express*, 21 août 2023.
2. « 2023 Military Strength Ranking », Globalfirepower.com.

étions condamnés. J'ai toujours contesté ce classement de l'armée russe. Au mieux, elle n'est pour moi que la deuxième armée en Ukraine.

Malgré notre cruel manque de matériel occidental, elle a été défaite à de nombreuses reprises au début de l'invasion. On se souvient de la victoire très médiatisée dans le nord du territoire, qui a contraint Poutine à abandonner Kyïv. À mon sens, notre plus grande réussite est l'arrêt de l'avancée russe dans le sud et l'est de l'Ukraine. Kharkiv, Dnipro, Kramatorsk, Mykolaïv : aucune de ses villes stratégiques n'est tombée. Cela nous a donné du temps pour nous réorganiser, nous mobiliser, et montrer à nos partenaires occidentaux que nous n'allions pas tomber en quelques jours. Et qu'ils pouvaient donc nous soutenir.

Mais ces succès initiaux nous ont coûté horriblement cher. Les meilleurs combattants ukrainiens ont donné leur vie pour briser les premiers assauts russes. Je n'ai aucun chiffre précis des pertes. Je n'en ai jamais eu, et, même si je les connaissais, je ne les révélerais jamais. Il s'agit d'un secret d'État que seul le quartier général des Forces armées ukrainiennes maîtrise. Il le communiquera après la victoire. D'ailleurs, connaître le nombre de nos victimes changerait-il quelque chose ? Non. Nous savons que l'effectif de nos morts sera toujours inférieur à celui du scénario de la défaite : si la Russie gagne, toute l'Ukraine deviendra un immense Boutcha.

Cependant, il faut remplacer nos héros tombés au combat. Et cela demande du temps, beaucoup de temps.

Or, la patience des Occidentaux a une limite que personne ne connaît. Rien ne nous assure que leur soutien sera éternel. En attendant, il faut nous prendre le temps nécessaire pour préparer convenablement notre armée. C'est difficile à accepter dans les sociétés occidentales si avides d'immédiateté.

Je suis intimement persuadé que notre état-major attendait la livraison des F-16 et des chars Abraham avant d'attaquer, mais qu'il a été poussé à agir plus tôt, à la suite des pressions occidentales. On a exigé des résultats rapides car les opinions publiques européennes et américaines commençaient à se lasser de cette guerre. Aucun président élu démocratiquement ne souhaite financer un conflit qui n'est pas populaire.

En juillet 2023, nous n'étions pas prêts à briser les lignes de défense russe. Tout le monde sur place en était conscient. Le manque de MANPADS (un système portatif de défense antiaérienne) et de matériel de déminage a permis aux hélicoptères de combat ennemis et aux champs de mines de décimer les premières brigades engagées – le résultat des premières batailles était couru d'avance. Beaucoup d'hommes bons sont morts parce que la pression extérieure sur l'Ukraine était devenue trop forte. Les enjeux politiques avaient pris le dessus sur les choix militaires.

Je ne sais pas quand aura lieu la grande « contre-offensive de la Victoire » qui mènera à l'effondrement définitif de l'armée adverse. Je n'ai pas de boule de cristal. En revanche, je peux affirmer avec certitude que nous avons besoin de plus de temps, de plus de professionnels formés, et de tout le matériel de guerre que l'Occident peut nous fournir. Je souhaite que les opinions occidentales soient prêtes à nous suivre jusqu'à la victoire, même si cela doit prendre dix ans. Ma définition de la victoire est simple : la dislocation de l'empire russe en de multiples entités démocratiques et pacifistes. C'est la seule garantie de sécurité pour l'Ukraine.

***

En mars 2023, pendant ma rotation à bord de L'Autrichienne, je suis invité à effectuer une intervention en direct sur France Info TV par le biais de Skype. Je prends la parole en disant que l'Ukraine a besoin d'avions de combat et de missiles de croisière, qui n'ont pas encore été fournis. Tout de suite, le présentateur me reprend : « Rappelons à nos téléspectateurs que vous êtes médecin, tout le monde ne peut pas être expert militaire… » J'ai en effet fait l'erreur de sortir de mon rôle de soignant et de m'exprimer sur un thème pour lequel je ne suis pas « médiatiquement accrédité ». Les journalistes nous placent dans une case dans laquelle nous devons rester.

Erik Berg, l'ancien directeur de France Info TV, me le confirme au cours d'un dîner : « Pour l'instant Arsène, lorsque tu passes à la télévision, tu as le rôle du médecin humanitaire qui sauve des vies. C'est un beau rôle. Tu peux bien entendu sortir de cet archétype, mais gare à toi, cela t'attirera des critiques ! » Évidemment que je veux quitter ce personnage qui ne me correspond plus depuis longtemps ! Quitte à me provoquer les inimitiés. Je ne cherche pas à mettre tout le monde d'accord.

En attendant, le général Jean-Paul Paloméros, ancien commandant suprême de l'Otan, présent sur le plateau, intervient et me corrige à son tour : les Occidentaux ne doivent pas fournir d'avions de combat à l'Ukraine. Une fois de plus, je fulmine intérieurement. Mais l'avenir me donnera raison : en mai 2022, le président américain Joe Biden donnera son accord pour la livraison d'avions de combat F-16.

Et ce qui devait arriver arrive : l'armée Russe n'est pas vaincue à l'été 2023, ni même durant l'hiver suivant. Je me demande quel résultat attendait réellement l'Occident en nous contraignant à passer à l'attaque sans nous livrer les armes pour le faire. Certains officiels ukrainiens dénoncent publiquement cette posture, comme le ministre des Affaires étrangères, Dmytro Kuleba, qui déclare le 31 août 2023 que « ceux qui critiquent la contre-offensive devraient se taire ». Autrement dit, si l'Occident n'est pas satisfait de nos résultats, qu'il sache que la responsabilité de nos insuccès lui incombe également. Je ne peux qu'être d'accord avec lui. Aucun général de l'OTAN n'aurait accepté de lancer une offensive avec les faibles moyens que nous possédions.

Mais je ne rejette pas l'entièreté de la faute sur nos partenaires. Les autorités ukrainiennes sont les premières à porter la responsabilité de chaque mort. Accuser les Russes de tous les maux ne nous aide en rien ; nous savons déjà qu'ils sont prêts à commettre les pires crimes. L'explosion du barrage de Nova Kakhovka, le 6 juin 2023, provoquant le déplacement de plus de 100 000 personnes[1] et constitutif d'un « écocide[2] », démontre bien qu'ils ne reculeront devant rien. Je suis persuadé qu'ils détruiraient ou endommageraient la centrale nucléaire de Zaporijia s'ils venaient à la perdre. Nous ne les convaincrons jamais d'être de meilleurs hommes, c'est pourquoi il est crucial de faire notre autocritique en vue de nous améliorer encore, et de les vaincre.

Deux propositions s'affrontent en Ukraine. La première est de cacher sous le tapis toutes nos imperfections, nos erreurs, et d'attendre la fin de la guerre pour punir les coupables. Un peu comme Israël après la guerre du Kippour d'octobre 1973, qui a précipité la chute de la Première ministre Golda Meir et de son charismatique ministre de la Défense Moshe Dayan, accusés d'avoir mal préparé le pays au conflit.

La guerre dure cependant, et nos morts s'accumulent. Je suis d'avis de pointer du doigt nos manquements dès maintenant. Le président Zelensky l'a fait partiellement en limogeant les traîtres qui ont permis aux Russes

1. Nitish Pahwa, « La destruction du barrage de Kakhovka est une catastrophe pour le monde entier », Slate, 16 juin 2023.

2. « Destruction du barrage de Kakhovka : l'Ukraine crie à l'"écocide" », *Courrier international*, 7 juin 2023.

de capturer la centrale de Tchernobyl et la ville de Kherson sans combattre dès le premier jour de l'invasion. Mais cela reste très insuffisant, alors on a limogé tous les responsables des centres de recrutement soupçonnés de corruption[1], puis le ministre de la Défense, Oleksiy Reznikov[2]. Il ne s'agit toutefois que de la partie visible de l'iceberg de la corruption au sein de l'armée. Le peuple ukrainien est bien conscient que le problème est protéiforme.

***

Néanmoins, la corruption n'est pas l'unique problème – ce serait bien trop simple. L'incompétence de certains « fonctionnaires civils et militaires » ukrainiens et leur peu de respect envers la vie humaine nous causent aussi beaucoup de tort.

Un ami ukrainien, médecin de guerre, m'a raconté son arrivée en qualité de volontaire au sein d'une unité paramilitaire, au printemps 2022. L'unité stationnait alors dans le Sud, près de Houliaïpole[3], et souhaitait ouvrir son premier PMA. Mais le bâtiment qui devait

---

1. Emmanuel Grynszpan, « Volodymyr Zelensky limoge tous les responsables du recrutement des soldats en Ukraine », *Le Monde*, 12 août 2023.

2. « Le ministre ukrainien de la Défense, Oleksiy Reznikov, quitte son poste », *Libération*, 4 septembre 2023.

3. Ville de 13 000 habitants, située dans la région de Zaporijia, alors en première ligne au printemps 2022.

accueillir les blessés faisait aussi office d'entrepôt à munitions et de carburant, sans compter qu'il servait également de quartier général. Les structures les plus sensibles étaient donc réunies au même endroit, ce qui relève d'une grave faute militaire. Un seul obus russe bien placé pouvait faire exploser l'ensemble de l'immeuble, tuant tous les occupants, et la ligne de front n'était qu'à quelques kilomètres.

À peine arrivé, le médecin a fait remarquer au commandant l'imprudence d'un tel dispositif, et a proposé de relocaliser le PMA. La réponse a été cinglante : « Tu te comportes comme un couard, ta place n'est peut-être pas ici. » Voici l'exemple type de l'officier supérieur arrogant, sans contre-pouvoir sur le front, et qui ignore les principes élémentaires de la guerre. Ce ne sont sûrement pas ses talents militaires qui lui ont valu sa place de commandant.

Devant l'impossibilité de changer quoi que ce soit, mon ami a décidé de quitter le bataillon le jour même, conscient que la situation était trop dangereuse. Le lendemain, il a appris qu'une frappe russe avait anéanti tout le bâtiment. L'adage de Djihad fonctionne parfaitement ici : « Les premiers à mourir sont les idiots… »

Les exemples sont légion. Chaque combattant connaît de nombreuses histoires sur des décisions désastreuses prises par des chefs incompétents. Parfois, les nerfs des hommes lâchent et l'irréparable est commis, comme en juillet 2023, quand un commandant de la Défense territoriale a été abattu dans sa base par les survivants d'un assaut sur Marïnka[1]. La veille, il avait décidé de lancer une attaque frontale, sans soutien d'artillerie ni blindés, face à des Russes solidement retranchés dans les ruines de la ville. Ses subordonnés avaient protesté, mais le commandant les avait menacés de représailles en cas de désobéissance.

Sur les 200 soldats, seuls 50 sont revenus vivants. Fous de rage, ils ont tiré une balle en pleine tête de leur supérieur et ont filmé la scène : « Cet enfoiré de commandant nous a tous envoyés à la mort comme de la chair à canon, alors nous l'avons abattu. » La vidéo a fait le tour des réseaux sociaux ukrainiens, et l'immense majorité des commentaires soutenait cette justice expéditive. Selon Djihad : « C'est le plus brut exemple de justice de guerre. »

Mon ami est d'ailleurs bien plus extrême que moi sur le sujet : bien qu'elle soit interdite en Ukraine, il prône la peine capitale pour chaque officier coupable d'avoir provoqué la mort de ses hommes. Djihad est bien conscient de ces problèmes d'encadrement, c'est pourquoi il préfère travailler seul, ne faisant confiance qu'à lui-même. L'Ukraine regorge d'officiers incompétents formés à l'école soviétique. Les remplacer est impossible en interne, leur promotion étant souvent le fruit de copinages, combinés à des manigances politiques. Nous pourrions les former, mais ils ne sont pas la cible prioritaire des programmes occidentaux. Pourtant, je

1. Petite ville située dans les faubourgs de Donetsk.

suis certain que mettre à niveau nos gradés donnerait un avantage décisif à notre armée. Mais je sais qu'il est bien plus difficile de déconstruire la pensée d'un officier orgueilleux que de former un homme mobilisé sans expérience militaire.

***

Un autre sujet me ronge depuis des mois et affecte davantage mon moral à chaque rotation. Je ne parle pas de ma haine viscérale des criminels russes, mais de mon ressentiment grandissant face à l'incompétence de certains de nos soignants.

Le service de santé des armées ukrainiennes est une structure essentiellement composée d'individus aux compétences médicales extraordinaires, mais une autre partie possède un niveau de connaissance clinique et physiopathologique proche du néant. Ils ne doivent pas connaître l'un des principes fondateurs de la médecine moderne : *primum non nocere*, qui signifie : « En premier, ne pas nuire. » Si tu ne sais pas, si tu ne comprends pas, tu ne touches pas le patient et tu t'abstiens d'agir, car tu risques d'aggraver la situation.

J'ai été le témoin impuissant d'un nombre astronomique d'erreurs médicales graves, pourtant facilement évitables. Je me tranquillise en me disant que le niveau de nos ennemis est bien pire. Une infirmière militaire russe n'a-t-elle pas conseillé à ses soldats d'utiliser des serviettes hygiéniques pour stopper une hémorragie[1] ?

Évidemment, il y a l'oubli classique de brancher le saturomètre[2] ou le brassard à tension pour un blessé grave, ou l'injection de mélanges de médicaments en contradiction avec les règles élémentaires de pharmacologie[3]. La médecine militaire insiste beaucoup sur les protocoles concernant chaque situation clinique, mais en situation de stress sur le front, peu les respectent.

La plupart des infirmiers des petits hôpitaux militaires ne prennent pas le temps de bien connaître leurs patients. À quoi bon ? Ils savent que les blessés seront rapidement évacués par L'Autrichienne ou une autre unité sanitaire, alors autant se reposer. Tant que les patients ne se plaignent de rien, certains soignants n'effectuent que les soins strictement nécessaires.

Mon impuissance face à ces situations m'est difficile à accepter. Les hôpitaux civils sont régulièrement sujets à des contrôles et soumis à des certifications, alors pourquoi ne pas faire de même avec notre médecine

1. Stéphane Sicard, « Guerre en Ukraine : "Demandez des serviettes hygiéniques à vos mères"… La mobilisation en Russie va-t-elle tourner au fiasco avec des soldats sans formation ni équipement ? », *L'Indépendant*, 28 septembre 2022.

2. Appareil qui permet de mesurer le pourcentage d'oxygène dans le sang, et de lancer une oxygénothérapie en cas de nécessité.

3. Par exemple, j'ai assisté à des doubles antibiothérapies à base de céfazoline et d'Augmentin, ce qui est une aberration, ou à des mélanges inappropriés de fentanyl et de morphine.

militaire ? Comment expliquer le niveau de nos soignants ? La réponse est multifactorielle. D'abord, beaucoup de docteurs compétents ont fui le pays au cours des premiers jours de l'offensive alors que les besoins médicaux étaient immenses. Quant aux médecins restants, un nombre non négligeable d'entre eux ont obtenu leur diplôme en « achetant » chaque épreuve de leurs partiels dès leur première année d'études.

En réalité, beaucoup de professeurs universitaires sont corrompus en Ukraine. Le système est bien rodé : l'enseignant sélectionne dans la promotion un élève (et lui communique un tarif), qui sera chargé de collecter la somme auprès de ses camarades. Une fois l'argent obtenu, l'étudiant transmet l'enveloppe au professeur, qui valide les examens de ceux qui ont payé. La corruption institutionnalisée des universités publiques ukrainiennes empoisonne notre jeunesse et crée des spécialistes médiocres.

Ainsi, un grand nombre d'étudiants en médecine sont tentés de ne jamais réviser leurs cours… On « forme » donc des anesthésistes qui ne savent pas prendre de décisions face à un blessé grave, et qui sont incapables d'intuber ou de poser une voie veineuse centrale, alors que ces gestes relèvent du niveau d'un interne de premier semestre. Malgré tout, certains étudiants honnêtes refusent de verser dans ce système et étudient la médecine avec passion. Les professeurs corrupteurs les sanctionnent en ne validant pas leurs épreuves, les obligeant à passer au rattrapage, et leur ferment certains terrains de stage. Ce sont ces « incorruptibles » qui deviennent d'excellents professionnels, dont les compétences n'auront rien à envier à celles des médecins français.

Mykola Demianiuk est l'un d'entre eux. J'ai rencontré cet anesthésiste mobilisé dans la 58e brigade à Bakhmut. Avant l'invasion, il travaillait dans une clinique pédiatrique et n'avait pas l'habitude de soigner les grands blessés de guerre. À force de travail et de formations dispensées par les partenaires occidentaux, il est devenu l'un de nos meilleurs anesthésistes de guerre. Par la suite, il a été nommé médecin chef de son unité et a bâti le meilleur PMA que j'aie eu l'occasion de voir. Tout y a été rationalisé et pensé pour être le plus efficace possible. Les soignants comme Mykola doivent être des exemples pour nous tous.

Mais doit-on pour autant « purger » tous les soignants incompétents ? Malheureusement, nous ne le pouvons pas. Ces personnes sont présentes sur le front parce qu'elles sont les seuls disponibles. Une guerre de haute intensité requiert bien davantage de ressources qu'un corps expéditionnaire de quelques milliers d'hommes envoyé dans un pays lointain. Lorsqu'on manque de professionnels, il n'y a pas d'autre possibilité que de baisser en qualité pour recruter. C'est pour cette raison qu'un jeune interne de chirurgie orthopédique a été affecté à l'équipe de La Sorcière, la médecin chef de la 503e, et que Marcus, biologiste de formation, est devenu le « chirurgien » de L'Autrichienne.

C'est choquant pour un Français, j'en suis conscient : nul ne voudrait se faire soigner par un « faux médecin ».

Mais ce type de conflit exige une quantité titanesque de ressources humaines. Grâce à tous ces « soignants en herbe », beaucoup d'Ukrainiens ont eu la vie sauve.

Cela ne signifie pas pour autant qu'il faut se résoudre à cette situation. Nous devons poursuivre les formations afin de bénéficier de la meilleure médecine militaire au monde. Curieusement, l'un des obstacles reste le refus que nous opposent certains de se former. Des médecins pensent à tort que l'expérience acquise sur le front les dispense de toute théorie. C'est la conséquence d'un biais cognitif bien connu des psychologues, appelé « effet Dunning-Kruger » : les personnes les moins qualifiées dans un domaine surestiment leurs compétences, alors que les plus qualifiées, conscientes de l'immensité des savoirs à acquérir, se sous-estiment. Je l'ai expérimenté moi-même au cours de ma cinquième rotation à Lyman, lorsqu'une femme sans la moindre expérience médicale, m'a expliqué comment je devais réaliser un examen clinique d'un traumatisé crânien ! Le fait qu'ils soient chargés d'un nombre important de patients ne fait pas d'eux de bons soignants, mais des individus dangereux qui dégradent le pronostic de chaque blessé. Porteront-ils un jour la responsabilité de leurs actions ? Cette question me hante.

***

L'agression de la Russie a de lourdes répercussions sur notre société. Elle a transformé à jamais la mentalité du peuple ukrainien. Tant de vies éteintes, tant d'avenirs brisés, tant de familles détruites. Désormais, tous mes concitoyens doivent vivre avec le deuil d'un proche mort à la guerre. Le pays d'aujourd'hui est méconnaissable, pour tous ceux qui l'ont connu avant le 24 février 2022. La transformation a été brutale. Nos enfants sont victimes de lourdes séquelles psychologiques et physiques, et leur haine envers les Russes sera difficile à canaliser lorsqu'ils deviendront des adultes. La détestation entre nos deux peuples a atteint un point de non-retour, et je crains que cela perdure sur plusieurs générations.

De plus, un réel fossé s'est creusé entre les réfugiés et ceux qui sont restés sur place. Si certains revenaient en Ukraine, je pense que leur réintégration serait difficile, car un large pan de la population les considère comme des traîtres. Je me rappelle les immenses panneaux installés le long des routes qui mènent à la frontière polonaise : « Ne fuis pas ! Combats ! » Avec l'image d'un soldat ukrainien tenant fièrement une kalachnikov sur fond de drapeau ukrainien. Ces pancartes en disent beaucoup sur l'opinion négative qu'ont les Ukrainiens à l'égard des réfugiés, alors qu'au même moment l'Union européenne les accueille avec bienveillance. « Qu'ils ne reviennent jamais ! » ai-je malheureusement trop souvent entendu.

Des tensions apparaissent également entre le front et l'arrière. Les soldats qui rentrent en permission sont choqués de constater que la population continue de vivre dans l'insouciance. Les restaurants restent ouverts, les boîtes de nuit tournent encore, la station de ski de Bukovel fonctionne toujours, comme si la guerre n'existait pas. Mais, en même temps, comment leur en vouloir ? La vie doit continuer, l'économie, tourner, et il n'y a aucune raison pour que les civils renoncent à la jouissance de l'existence. Les terrasses de café n'étaient-elles pas ouvertes en 1918, alors que les Allemands bombardaient Paris avec la Grosse Bertha[1] ?

Ne nous y trompons pas cependant : au-delà de toutes ces fractures, de tous ces ressentiments, la population ukrainienne soutient toujours massivement nos forces armées. Des millions de hryvnia[2] sont versés quotidiennement dans des cagnottes pour financer l'armée. Des milliers d'initiatives privées sont lancées afin de mieux équiper nos forces de défense, allant de l'achat de véhicules jusqu'à la conception de drones de combat sous-marins ! Des centaines de volontaires se rendent tous les jours sur le front pour apporter vivres et équipement à nos défenseurs, comme mon oncle Oleksiy ou ma mère Ekaterina.

Nous le voyons bien, deux ans après le début du conflit, c'est tout le peuple ukrainien qui mène le combat face à la barbarie russe. Malgré les risques, malgré les morts, malgré les souffrances, malgré la douleur, malgré la haine, nous poursuivrons le combat jusqu'à la victoire, car nous savons pertinemment que notre pays n'a que deux issues possibles : la liberté ou la mort.

---

1. Obusier allemand de 420 millimètres.
2. Monnaie ukrainienne, 1 euro valant environ 40 hryvnia.

Épilogue

L'Ukraine vaincra, c'est une certitude

Quels que soient nos sacrifices et nos victoires militaires, cette guerre ne s'arrêtera pas avec la libération de nos territoires occupés. Seule Moscou pourrait décider de la fin des hostilités, mais je sais que ce jour n'arrivera que lorsque cet empire du mal s'écroulera, car l'Ukraine est un enjeu vital pour l'ennemi qui ne peut subsister sans nos terres. Léon Trotski l'affirmait déjà en 1917 : « Sans l'Ukraine, il n'y a pas de Russie. Sans le charbon ukrainien, sans son acier, sans ses minerais, sans son pain, sans sa mer Noire, l'existence de la Russie est impossible : sans l'Ukraine, elle s'effondrerait. »

Cette guerre n'est pas un conflit classique de conquête territoriale. Comprenez bien ceci : la guerre ukraino-russe est une lutte à mort. Il n'y aura aucun cessez-le-feu, aucune négociation et surtout aucune paix tant que l'un des deux camps ne sera pas à terre. Si les armes venaient à se taire, cela ne serait qu'un interlude avant un prochain conflit, encore plus meurtrier. C'est pour cela qu'il faut nous aider à « terminer le travail », selon les mots de Rishi Sunak[1], le Premier ministre britannique, prononcés le 4 octobre 2023.

Nul en Ukraine n'a oublié que l'invasion russe de janvier 1654 a été suivie d'une longue série d'« opérations militaires spéciales ». On dénombre ainsi dans l'histoire plus de 300 lois dites « anti-ukrainiennes », comme l'*oukase*[2] d'Ems de 1876, qui a interdit l'utilisation de la langue ukrainienne dans tout document imprimé, ainsi que dans les théâtres et les conférences publiques.

En 2022, les autorités d'occupation russes suppriment toutes les références au passé ukrainien de la ville de Marioupol, dont le monument aux victimes du Holodomor[3], ce génocide ukrainien qui a fait entre quatre et sept millions de morts en 1932-1933. Les vols de céréales dans le sud du pays[4] en décembre 2022 réveillent dans la mémoire de mon peuple le terrible souvenir des « réquisitions » des réserves de blé et de bétail par les bolcheviques qui ont entraîné cette abominable famine. La vérité est sous nos yeux, criante : en plus de trois siècles, rien n'a changé, les Russes tentent toujours de nous éliminer !

1. « Ukraine : Rishi Sunak appelle ses alliés à “donner les outils” à Kiev pour “finir le travail” », RFI, 4 octobre 2023.
2. L'*oukase* est un décret impérial.
3. Le mot « Holodomor » est une contraction des mots « faim » et « mort ».
4. Guillaume Ptak, « La Russie s'approprie une partie des céréales ukrainiennes », *Les Échos*, 5 décembre 2022.

Au-delà de notre long passé conflictuel, l'horreur des crimes commis par Moscou depuis le début de l'invasion marque un point de non-retour dans nos relations. Grâce aux vidéos prises par les caméras de surveillance et les smartphones, tous mes compatriotes ont été les témoins directs de ces massacres. L'Ukraine a soif de sang et de vengeance, pour des générations à venir.

***

Désormais, l'éventuelle capitulation de l'ennemi n'est plus suffisante, nous exigeons justice et réparation. Il faut arrêter et juger tous les coupables, puis organiser un immense procès à Moscou[1], afin de purger la Russie de son passé macabre. L'Allemagne a été « dénazifiée » en 1946, grâce au procès de Nuremberg : il faut répéter ce schéma afin que l'humanité sorte grandie de ce tragique épisode. La communauté internationale doit en tirer toutes les leçons, pour que l'irréparable ne soit pas commis de nouveau.

La traque des criminels russes aura bien lieu. Elle a déjà commencé, par exemple avec l'assassinat pendant son jogging matinal à Krasnodar début juillet dernier de l'ancien commandant de sous-marin Vladislav Rjitskïi, accusé d'avoir ordonné des frappes de missile contre des

1. Ironiquement, les « procès de Moscou » de 1936 sont une série de procès-spectacles organisés par Staline en vue de purger les ennemis imaginaires de l'URSS.

civils à Vinnytsia[1]. Mais les militaires ne sont pas les seuls visés. Les idéologues du Kremlin doivent payer, eux aussi. L'ultranationaliste Alexandre Douguine[2] a été ciblé par un attentat à la voiture piégée en août 2022[3], dans lequel seule sa fille, également fervente poutinienne, a perdu la vie. Les propagandistes ne sont pas épargnés, comme Vladlen Tatarsky, correspondant de guerre et ukrainophobe notoire, tué par une bombe dans un café de Saint-Pétersbourg début avril dernier[4].

Tous ceux qui ont une responsabilité dans cette guerre génocidaire doivent être jugés, ou éliminés s'ils refusent de se livrer à la justice. Comme la chasse aux nazis, la traque des criminels poutiniens se déroulera sans répit sur les cinq continents et prendra s'il le faut plusieurs décennies. Je suis prêt à consacrer mon existence à cette tâche.

***

Oui, ce conflit a bouleversé mon existence. Chacune de mes actions est la conséquence de ma prise de

1. « Un ex-commandant de sous-marin abattu pendant son jogging en Russie, l'Ukraine soupçonnée », *Libération*, 11 juillet 2023.

2. Théoricien ultra-national russe, ouvertement ukrainophobe, et proche de Poutine, appelé régulièrement « Raspoutine de Poutine ».

3. Mathilde Karsenti, « Kiev serait responsable de la mort de la fille de l'ultranationaliste Douguine, selon les États-Unis », *Marianne*, 6 octobre 2022.

4. Benoît Vitkine, « Russie : Vladlen Tatarski, blogueur ultranationaliste, tué dans l'explosion d'un café de Saint-Pétersbourg », *Le Monde*, 3 avril 2023.

conscience politique il y a vingt ans. Le moindre de mes choix ne pouvait m'amener que sur le front ukrainien, face à notre ennemi héréditaire. D'une certaine façon, je considère réussir ma vie en concrétisant ma lutte.

Mais peut-on se battre toute une existence ? Mon esprit et mon corps pourront-ils tenir ? Vais-je mourir au cours de ma prochaine rotation ? Vais-je revenir du front avec des séquelles psychiques irréparables ? Je me réclame du courant philosophique stoïcien[1]. Je considère ainsi que la plupart des événements extérieurs, négatifs ou positifs, ne dépendent pas de moi : c'est le « détachement stoïcien ». Ainsi, ceux qui me connaissent savent que je me plains rarement. Mais l'accumulation de stress et d'images horribles dans mon esprit commence à éroder ma capacité de résilience. Des failles apparaissent… Toutefois la guerre n'autorise pas de repos. Tant que je le peux, je dois poursuivre le combat.

De plus, depuis la naissance de Léonora, j'ai un nouveau point faible. Je crains que nos ennemis ne s'en prennent à ma famille. Bien que les menaces de mort que je reçois ne m'affectent pas, je redoute qu'un jour ma femme et ma fille soient visées. Les Russes ont montré qu'ils sont prêts aux pires horreurs. Et plus cet animal sera blessé, plus il sera dangereux. Fort heureusement, je ne suis pas assez important pour eux pour

1. Le stoïcisme est une « philosophique totale », qui mêle la théorie à la pratique.

l'instant. De toute façon, ces tentatives d'intimidation ne changeront rien. Je poursuivrai mon combat contre la barbarie jusqu'à mon dernier souffle.

L'Ukraine vaincra et le peuple ukrainien survivra comme il l'a toujours fait. Après la victoire, nos futures générations auront une tâche difficile à accomplir. Elles devront essayer de reconstruire une relation apaisée avec les Russes. Il le faudra bien un jour, nous n'avons pas le choix – ce sont nos voisins, malheureusement. Les Français et les Allemands ont bien réussi à le faire, alors pourquoi pas nous ? Encore faut-il que nos ennemis demandent pardon, ce qui est loin d'être acquis.

Mais l'Ukraine devra également panser ses plaies, pleurer ses morts, soutenir ses vétérans, aider au retour des déplacés. Un immense travail de reconstruction attend notre pays. Je veux croire que cette guerre sera la dernière face à l'impérialisme russe, et j'espère que j'en verrai le bout.

Nous vaincrons, c'est une certitude.

Remerciements

À ma compagne, Élodie, qui m'a soutenu pendant toute la rédaction de cet ouvrage malgré l'arrivée de notre petite Léonora à la maison. Merci à toi d'avoir trouvé le titre du livre, tu me connais si bien. Je te remercie d'avoir été ma première lectrice. Sans toi, tout cela aurait été impossible.

À ma famille, à ma mère Ekaterina, à mon père Dmytro, à ma sœur Lila, à mon oncle Oleksiy, à ma grand-mère Lydmyla. Grâce à vous, je suis devenu l'homme que je suis, et je veux vous remercier pour cela.

Je voudrais remercier mes frères d'armes. Tamara, Zorya, Sitch, et tous les autres, je suis fier d'avoir été à vos côtés sur le front, et encore plus de partager vos récits au travers de mes écrits.

Merci à toute l'équipe d'anesthésie de l'Institut catholique de Lille pour son soutien au cours de mes missions, en particulier à Christophe Canevet, mon ancien chef de service.

Je tiens à remercier les personnes qui m'ont convaincu d'écrire, en particulier Morgane Bona, Claude Caira et Patrick Houque.

Je veux également remercier tous ceux qui, au sein des Éditions Robert Laffont, m'ont aidé à concrétiser ce projet : je serai éternellement reconnaissant à Noëlle Meimaroglou d'avoir cru en ce livre. Merci d'avoir su m'écouter, d'avoir saisi l'essence du récit que je souhaitais transmettre. Merci également à Ivanne Robineau pour ses remarques si pertinentes.

Mes remerciements vont également à deux Éric qui m'ont guidé tout au long de cette année : mon coauteur, Éric Dussart, qui m'a accompagné dès la première minute – ce livre n'aurait jamais vu le jour sans ses conseils d'écriture, sa pédagogie et sa patience ; et enfin, Éric Maitrot, qui, par ses mille conseils, m'a aidé à concevoir puis à rédiger cet ouvrage. Je le remercie pour sa présence sans failles, à toute heure de la journée, week-ends compris.

TABLE DES MATIÈRES

Imprimé en France par
CPI Firmin-Didot
en janvier 2024

Composition réalisée par PCA, 44400 Rezé

Pour plus d'information :

#lisez engagé !
www.lisez.com

Imprimé sur du papier issu de forêts gérées durablement.

N° d'édition : 66616/01 – N° d'impression : 178344